Steffi Machnik

# KÖLNPFAD

## Der Kölner Rundwanderweg

Mit einem Beitrag von Manuel Andrack

Herausgeber:
Kölner Eifelverein e.V. gegründet 1888



J.P. BACHEM VERLAG

**Titelbild:** Blick vom KÖLNPFAD über die Mülheimer Brücke zum Dom
Rechts: Baumliebe im Grüngürtel

**Bildnachweis:**
Soweit nicht anders angegeben: Machnik, Steffi
Andrack, Manuel: S. 72, 75ff
Rakoczy, Csaba Peter: Titel
Schmitz & Hartmann: S. 11ff

**Kartenlegende:**
Hintere Innenklappe

Alle Daten und sonstige Informationen im vorliegenden Buch sind mit größter Sorgfalt recherchiert und zusammengestellt worden. Autoren und Verlag können jedoch keine Gewähr oder Haftung für eventuelle Änderungen oder Fehler übernehmen. Sollten sich dennoch falsche Angaben eingeschlichen haben, wären wir für einen Hinweis dankbar.

**Gewidmet Theodor Schinscholl †**

Bibliografische Information Der Deutschen Bibliothek
Die Deutsche Bibliothek verzeichnet diese Publikation in der deutschen Nationalbibliografie; detaillierte bibliografische Daten sind im Internet über **http://dnb.ddb.de** abrufbar.

3., aktualisierte Auflage 2012
Herausgeber: Kölner Eifelverein e. V. gegründet 1888
www.koelner-eifelverein.de
www.koelnpfad.de


Einbandgestaltung und Innenlayout: Barbara Meisner, Düsseldorf
Lektorat: Frauke Severit, Berlin
Karten: Kommunale Geodaten/Stadt Köln
Amt für Liegenschaften, Vermessung und Kataster Nr. KT 121/2007
Reproduktionen: Reprowerkstatt Wargalla GmbH, Köln
Druck: Grafisches Centrum Cuno, Calbe
Printed in Germany
ISBN: 978-3-7616-2190-5

**www.bachem.de**

# Inhalt

Hausboot „Alte Liebe" mit Lokal

# Köln bewegt sich

Der KÖLNPFAD ist eine Erfolgsstory, wie sie im Buche steht. Und dieses Buch von Steffi Machnik und dem Kölner Eifelverein von 1888 erfährt – und damit hatte niemand beim Start rechnen können – seine dritte Auflage. Toll! Dazu kann ich und will ich als Schirmherr nur aufrichtige Glückwünsche aussprechen. Und Dank sagen all denjenigen, die durch Publikationen jedweder Art, durch Mundpropaganda, durch Werbung und durchs selber Laufen diesen Erfolg möglich gemacht haben. Der KÖLNPFAD ist in aller Munde, sehr viele haben von ihm erfahren, sehr viele sind, teilweise oder auch ganz, die elf Etappen zwischen 9 und 22 Kilometern gegangen. Ein Riesenvorteil, dass nahezu alle Stationen hervorragend an das Netz des öffentlichen Personennahverkehrs angebunden sind. Das heißt, man kann mit Bahn oder Bus hinkommen und auch wieder nach Hause fahren. Die Beschreibungen der einzelnen Etappen sind spannend und lehrreich, und auch beim zweiten oder dritten Wanderspaß erfährt man immer wieder Neues. Zumal sich die Natur ja auch ständig in den Jahreszeiten wandelt.

Die Domstadt kann stolz auf ihren KÖLNPFAD sein: Rund 170 km Stadt und Landschaft an der frischen Luft zu erleben ist eine Bereicherung für Köln, auch in seinem Freizeit- und Gesundheitsangebot. Also, liebe Kölnerinnen und Kölner, wandern Sie weiter so aktiv auf dem KÖLNPFAD, oder beginnen Sie mal mit der einen oder anderen Etappe. Ich garantiere Ihnen: Es macht Spaß und tut gut!

Der dritten Auflage des KÖLNPFAD-Buches beim Bachem Verlag wünsche ich viel Erfolg! Köln bewegt sich – ein schönes Motto für 2012!

Ihr **Fritz Schramma**

*Oberbürgermeister a. D. der Stadt Köln*

Links: Der Dom – mal nicht vom KÖLNPFAD fotografiert

# Grußwort

Wie groß ist Köln eigentlich? Dieser Frage sind in den letzten Jahren unzählige Kölnerinnen und Kölner nachgegangen – sie sind auf dem KÖLNPFAD gewandert. Familien, Kirchengemeinden, Stammtischrunden, Kegelclubs, Vereine – sie alle wollten ihre Heimatstadt umrunden und von einer neuen Seite kennenlernen. Unterwegs auf dem KÖLNPFAD war auch die Lokalzeit vom WDR-Fernsehen, Ultramarathon-Enthusiasten haben hier ihre Rennen organisiert, und die „Akademie für uns kölsche Sproch" hat ein spezielles Programm für Grundschulkinder mit Fragerallye entwickelt. Kurz: Der KÖLNPFAD wird von den Kölnerinnen und Kölnern begeistert angenommen – er ist inzwischen zur Institution geworden. Und auch außerhalb Kölns hat er seine Anhänger gefunden: Für viele Wandervereine war eine Wanderung auf dem KÖLNPFAD Anlass für einen Köln-Besuch.

Das Interesse ist ungebrochen, wie die vielen Presseveröffentlichungen in jüngster Zeit beweisen. Mit dazu beigetragen haben die KÖLNPFAD-Wanderkarte und das vorliegende Buch mit der genauen Wegbeschreibung und den spannenden Erläuterung von Geschichte und Geschichten am Wegesrand, das nun bereits in dritter Auflage erscheint.

Wir vom Kölner Eifelverein (KEV) freuen uns sehr über diesen Erfolg. Er ist eine schöne Bestätigung unserer jahrelangen Vorarbeit bis hin zur Markierung. Mit seiner Länge von 158 Kilometern – einschließlich Anwanderung von den Haltestellen der öffentlichen Verkehrsmittel zu den Start- und Zielpunkten der elf Etappen ist er sogar 171 Kilometer lang – war dies für unsere ehrenamtlich tätigen Vereinsmitglieder und ihre Helfer eine große Herausforderung. Besonderer Dank gilt noch einmal Fritz Hoepfner, der die Route ausgearbeitet hat. Wir setzen alles daran, diesen Wanderweg auch künftig in gutem Zustand zu erhalten. Dafür haben am Aufbau beteiligte KEV-Mitglieder und Helfer ein Team gebildet, das regelmäßig die gesamte Strecke abwandert und kontrolliert. Sie treffen sich viermal im Jahr, tauschen sich aus über ihre Beobachtungen und Erfahrungen – und werden aktiv, wenn es notwendig ist. Einige engagieren sich zudem als Wegbegleiter, sodass im Programm des Kölner Eifelvereins stets eine Reihe von Wande-

rungen auf dem KÖLNPFAD angeboten wird. Wir vom KEV wandern aber nicht nur dort. Über 400 jährliche KEV-Touren unterschiedlicher Länge führen ins Kölner Umland, in die Eifel, ins Bergische Land, ins Siebengebirge, in den Westerwald, an Mittelrhein, Ahr, Mosel und Sieg. Wir laden Sie herzlich ein, einmal als Gast das Wanderangebot des KEV auszuprobieren.
Wo und wie Sie auch immer wandern: Ich wünsche Ihnen viel Freude dabei – nicht nur auf dem KÖLNPFAD.

Frisch auf!

Klaus Dorbach
Vorsitzender des Kölner Eifelvereins

Die Autoren Steffi Machnik und Manuel Andrack unterwegs auf dem KÖLNPFAD

# Gruppenfoto

am Rheinufer in Köln-Mülheim mit dem Schirmherrn des KÖLNPFADs, Fritz Schramma, Oberbürgermeister a. D. der Stadt Köln. Mit dabei: Manuel Andrack, KÖLNPFAD-Pate, weitere Paten, Kooperationspartner sowie Mitglieder des Kölner Eifelvereins. Alle helfen bei der Einrichtung des KÖLNPFADs, dem 170-km-langen Kölner Rundwanderweg.

**1.** Klaus Dorbach, 1. Vorsitzender des Kölner Eifelvereins e.V. gegr. 1888 (KEV) **2.** Steffi Machnik, Journalistin, Autorin „KÖLNPFAD – Der Kölner Rundwanderweg“ **3.** Dr. Werner Rücker, KÖLNPFAD-Pate **4.** Astrid Paetzel-Greif, KÖLNPFAD-Patin **5.** Michael Stoffel, KÖLNPFAD-Pate **6.** Gisela Zeies-Moritz, KÖLNPFAD-Patin **7.** Monika Arnoldt, KEV, Vorstand **8.** Klaus Imdahl, KÖLNPFAD-Pate **9.** Doris Fleischer, KÖLNPFAD-Patin **10.** Hans-Peter Limburg, KÖLNPFAD-Pate **11.** Brita von Henninges, KÖLNPFAD-Patin **12.** Udo Mölders, KEV, KÖLNPFAD-Projektgruppe **13.** Hildegard Fischel,

AOK Rheinland/Hamburg, KÖLNPFAD-Kooperationspartner **14.** Rolf Kremers, KEV, Wanderführer, KÖLNPFAD-Projektgruppe und -Pate **15.** Meike Lorentzen, KÖLNPFAD-Patin **16.** Horst Peters, KÖLNPFAD-Pate **17.** Hans Dilly, KÖLNPFAD-Pate **18.** Eric Thomas, KÖLNPFAD-Pate **19.** Rudolf Iven, KEV, KÖLNPFAD-Pate **20.** Heinz Massa, KEV, KÖLNPFAD-Projektgruppe **21.** Claudia Jung, KÖLNPFAD-Patin **22.** Franz Jansén, KEV, Geschäftsstelle, Wanderführer **23.** Hans-Dieter Hampe, KEV, KÖLNPFAD-Pate **24.** Annemarie Dilly, KÖLNPFAD-Patin **25.** Jens Frank, Sponsor **26.** Maria Zornow, KEV, Vorstand **27.** Elfriede Jacobs, KEV, KÖLNPFAD-Projektgruppe **28.** Gerd Botz, KEV, KÖLNPFAD-Projektgruppe **29.** Albert Pfeffer, KÖLNPFAD-Pate **30.** Werner Güth, KEV, Wanderführer **31.** Ulrike Leschik-Hähn, AOK Rheinland/Hamburg, KÖLNPFAD-Kooperationspartner **32.** Fritz Schramma, Oberbürgermeister a. D. der Stadt Köln, KÖLNPFAD-Schirmherr **33.** Ingrid Mölders, KEV, Vorstand, KÖLNPFAD-Projektgruppe **34.** Manuel Andrack, Autor, KÖLNPFAD-Pate **35.** Hans Michels, KEV, Wegezeichner **36.** Eginhard Kranz, KEV, KÖLNPFAD-Projektgruppe, KÖLNPFAD-Chronist

## Wanderzeichen

Ein weißer Kreis auf schwarzem Grund – das ist das offizielle Zeichen für „Rundwanderwege um Orte" in Nordrhein-Westfalen. Dieses Wanderzeichen kennzeichnet auch den KÖLNPFAD. Sie finden diese Markierung vorwiegend an Bäumen, manchmal auch auf Hauswände gemalt und als Aufkleber an Lampenmasten und Verkehrsschildern.
Unterhalb des Kreises befinden sich stets Pfeile, die die Richtung des Wanderweges anzeigen. Da der Weg im (so ist er im Buch beschrieben) oder gegen den Uhrzeigersinn gelaufen

werden kann, sind die Wanderzeichen an Kreuzungen, Weggabelungen oder Wegspinnen überwiegend so angebracht, dass ein Zeichen von beiden Seiten zu sehen ist.
Natürlich brauchen Sie zu Beginn, wenn Sie kein routinierter Wanderer sind, ein wenig Übung, bis Sie die Wanderzeichen erspähen und richtig deuten. Manchmal laufen Sie vielleicht auch in die falsche Richtung, aber die ausführliche Wegbeschreibung, die zu jeder Etappe dazu gehört, bringt Sie wieder in die richtige Spur.

# KÖLNPFAD, eimol öm Kölle röm

*Text: Hans Knipp † / Musik: Bläck Fööss*

Die Kölner Gruppe Bläck Fööss singt das KÖLNPFAD-Lied

# Etappe 1

## Am Rhein entlang

### durch Kölns jüngste Neuerwerbungen

Links: Anleger der Personenfähre Krokodil in Weiß
Links oben: Rosenbeet mit Lavendel im Klettenbergpark

# WEGBESCHREIBUNG 1

**An der KBV-Haltestelle „Heinrich-Lübke-Ufer"** gehen Sie Richtung Rodenkirchener Brücke und überqueren unter der Brücke die viel befahrene „Rheinuferstraße" (Aufpflasterung in der Mitte der Fahrbahn). Sie gehen noch 100 Meter weiter Richtung Rodenkirchen und nehmen in Höhe des Hausbootes „Alte Liebe" die Stufen zum Rhein. Jetzt wandern Sie nach rechts Richtung Rodenkirchen, folgen am Rheinufer dem Leinpfad. Vorbei an den Lokalen „Zum Treppchen" und „Fährhaus" und der Maternuskapelle gehen Sie weiter geradeaus auf die „Uferstraße".

**Sie folgen der „Uferstraße"** circa drei Kilometer bis zum Minigolfplatz hinter dem großen Campingplatz. Am Minigolfplatz gehen Sie vorbei, am Ende des Weges vor der Schranke biegen Sie nach links in den Wald ab, am Ende des kurzen Wegstückes gehen Sie rechts und nutzen nach wenigen Metern links den beschilderten Fußgängerweg. An der nächsten Gabelung gehen Sie wieder rechts und folgen circa vier Kilometer dem Weg bis zur Personenfähre in Weiß.

**Von der Anlegestelle** der Personenfähre gehen Sie ein wenig bergauf, am Parkplatz vorbei und biegen rechts in den „Triftweg" ein. Dem Weg folgen Sie circa einen Kilometer (Felder wechseln mit kurzen Waldstücken) und biegen erst an der vierten Weggabelung beziehungsweise Kreuzung (an der zweiten Weggabelung wird der Asphaltweg zum Waldweg) links ab (rechts befinden sich eingezäunte Brunnen).

Fährhaus – Lokal mit langer Tradition in Rodenkirchen

**Nach 200 Metern** gehen Sie wieder nach links, am Transformatorenhaus der RheinEnergie vorbei. An der nächsten Kreuzung (markante Birke) gehen Sie nach rechts, und nach 100 Metern biegen Sie links ein. Am Ende des Weges durch den Wald gehen Sie rechts auf den Asphaltweg, an kleineren Pferdehöfen und der Anlage des Rodenkirchener Tennisclubs vorbei.

**Der asphaltierten Straße** („Unterer Weißer Weg") folgen Sie, an der Kreuzung mit dem „Fuchskaulenweg" (direkt hinter dem Tennisplatz) gehen Sie noch geradeaus. Nach 100 Metern biegen Sie links in den Wald ab, wieder nach 100 Metern halten Sie sich an der Weggabelung links, nach 20 Metern gehen Sie rechts, um nach zehn Metern wieder links abzubiegen. Nun folgen Sie weiter dem Weg, der entlang einer Schonung führt.

**Am Ende des Weges** (rot-weiße Schranke) überqueren Sie die „Weißer Straße", gehen weiter durch den Wald und biegen nach 50 Metern rechts ab. Der schmale Weg durch den Buchenwald stößt auf einen breiteren Weg, dem Sie nach links folgen. Am Friedhof Sürther Straße gehen Sie vorbei, überqueren die „Sürther Straße" und wandern weiter geradeaus an der Kleingartenanlage vorüber bis zur „Grüngürtelstraße".

**Sie gehen nach links**, durch die Unterführung unter den Straßenbahngleisen hindurch und folgen weiter dem Straßenverlauf („An den vier Linden" mit Wegekreuz und „Römerstraße") bis zum Lennartzhof (Römerstraße 83–85). Gegenüber des Lennartzhofes (Hausnummer 83) nehmen Sie den schmalen, 50 Meter kurzen Weg durchs Gebüsch bis zur „Industriestraße". Hier gehen Sie nach rechts bis zur Kreuzung mit der „Schillingsrotterstraße".

**Die Kreuzung** überqueren Sie diagonal und nehmen den Weg durch die Bäume zum Parkplatz am Forstbotanischen Garten/Friedenswald. Sie gehen weiter geradeaus (links liegt der Parkplatz) und folgen circa 400 Meter dem Hauptweg, der rechts an der großen Wiesenfläche vorbei führt. Am Ende des Weges – vorher kommen Sie noch am Eingang des Forstbotanischen Gartens vorbei – biegen Sie rechts ab und nach 20 Metern gleich wieder links in einen Waldweg. Sie folgen diesem Weg durch den Wald, rechts an einer kleinen Bank vorbei. Am Ende des Weges biegen Sie an der Abzweigung nach links und wandern parallel zur „Friedrich-Ebert-Straße".

Kiosk am Kalscheurer Weiher

Der Weg endet an der Kreuzung „Bonner Landstraße"/„Rodenkirchener Straße". Die Kreuzung überqueren Sie und gehen unter der Autobahnbrücke der A 555 hindurch. Am Ende der Unterführung, noch vor dem Ortseingangsschild „Hochkirchen", schwenken Sie nach rechts ein und folgen 300 Meter dem Weg parallel zur Autobahn. Etwa in der Mitte dieser Wegstrecke liegt links das Hotel „Schmitte". Das Ende des Weges trifft auf die Autobahnbrücke über die A 4.

**Sie überqueren die Brücke**, gehen rechts und biegen am Ende der Brücke links ab in den Wald hinunter (ausgeschildert als Radweg nach Raderthal). Dem Weg folgen Sie, an der ersten Gabelung gehen Sie nach links (wer rechts geht, gelangt zum Wasserwerk Hochkirchen), bis der Weg an einen Maschendrahtzaun stößt. Sie gehen nach rechts, am Zaun entlang, bis der Zaun nach links abknickt. Sie gehen an dieser Stelle rechts, nach 20 Metern, an der Gabelung wieder rechts, wenige Schritte danach biegen Sie direkt nach links vom Hauptweg ab.

**Nach 200 Metern**, an den beiden Eichen vor der großen Wiesenmulde, gehen Sie nach links und folgen jetzt dem Hauptweg immer am Rand der weitläufigen Senke entlang. Sie treffen auf eine asphaltierte Fahrstraße („Robinienweg"), der Sie nach links folgen. Nach knapp 100 Metern, an der rot-weißen Schranke, gehen Sie rechts und folgen dem kombinierten Rad- und Fußweg. Nach 50 Metern gehen Sie an der Gabelung links, dann geradeaus bis zur „Brühler Landstraße".

**Sie überqueren die „Brühler Landstraße"** (Achtung: stark befahren!), wandern weiter geradeaus und gehen nach 100 Metern links auf den breiten Weg. An der ersten Kreuzung gehen Sie rechts, an der nächsten Gabelung wieder rechts. Am Ende des Weges gehen Sie erneut rechts und biegen gleich links ab (rechts steht ein Picknick-Pilz). Sie erreichen den Kalscheurer Weiher und gehen am linken Ufer des Gewässers entlang, bis Sie am Ende des Weihers an einer Straße ankommen, dem „Zollstokker Weg", der Sie nach rechts bis zum Ende folgen.

**Hier gehen Sie zehn Meter** nach links und überqueren die Straße „Am Eifeltor". Die gegenüberliegende Straße gehen Sie leicht bergauf bis zum Ende. Sie erreichen die Bahngleise und gehen rechts, auch rechts am großen Stellwerkhaus vorbei. Direkt hinter dem Haus biegen Sie rechts ab und wandern leicht bergab zwischen Schrebergärten und Eisenbahngelände. Am Ende des Weges stoßen Sie wieder auf eine asphaltierte Straße, der Sie nach links folgen, unter der Eisenbahnbrücke hindurch.

**Am Ende der Brücke** wenden Sie sich nach rechts (rechts liegt der Komarhof) und nehmen hinter der rot-weißen Straßensperre rechts den kombinierten Rad- und Fußweg. Sie befinden sich zwischen der „Geisbergstraße" und den Schrebergärten. Nach circa 300 Metern biegen Sie links in die „Drachenfelsstraße" ein (Litfaßsäule), gehen am Ende der Straße links und gleich rechts in den „Fritz-Eink-Weg". Am Ende des Fußweges befindet sich der Eingang zum Klettenbergpark („Nassestraße"). Sie gehen links am Rosengarten vorbei bergab, vor dem Weiher gehen Sie nach rechts, auch rechts am Wasser vorbei, und verlassen den Park am Ende nach links. Sie erreichen den Endpunkt der Etappe, die KVB-Haltestelle „Klettenbergpark".

Ehemaliges preußisches Fort VII in der Nähe des Containerbahnhofes Eifeltor

## Von Rodenkirchen nach Klettenberg

„Hände in den Taschen und Augen auf, Straßenhändler, Trödler, Märkte, Kirchen, auch Museen [...], Huren (an denen in Köln kaum ein Weg vorbeiführte) – Hunde und Katzen, Nonnen und Priester, Mönche – und der Rhein, der Rhein, dieser große und graue Rhein, belebt und lebhaft, an dem ich stundenlang sitzen konnte; ..." Für den Kölner Schriftsteller und Nobelpreisträger Heinrich Böll ist der Fluss die Lebensader der Stadt, ist Quelle für Inspiration und Erkenntnis und sein Fluchtpunkt. Der Rhein ist heutzutage Ruhepunkt im Tempo der Großstadt, immer noch mächtig gefährlich bei Hochwasser, war stets nützlicher Verkehrsweg und fröhliches Ausflugsziel. Er gab Stoff für Mythen, Sagen und Legenden und für zahlreiche, manchmal arg weinselige Lieder: „Ich hab den Vater Rhein in seinem Bett gesehen, ja der hat's wunderschön, der braucht nie aufzustehn ..." Aber nichts kann dem größten deutschen Fluss wirklich schaden, weder überbordende Rheinromantik noch menschengemachte Rheinregulierung – der große graue Fluss fließt und ist doch immer da.

Natürlich darf nur hier der KÖLNPFAD beginnen, am Wasser, bei Vater Rhein. Und der schönste Zugang zum Fluss ist der Weg durch das begrünte Tor, das zum Hausboot „Alte Liebe" führt. Hier setzt der Nullpunkt des KÖLNPFADs an. Hier begin-

Ausflugsschiff vor großer Stadtkulisse

nen 171 Kilometer Köln zu Fuß, ein grüner Rundweg mit häufig ganz unerwarteten Ausblicken zum Dom, dem Wahrzeichen und Mittelpunkt der 2000-jährigen Stadt.
Beim Abgang zum Rhein hat einer uns schon fest im Blick – es ist der heilige Maternus, Fürsprecher und Helfer in Wassernöten. Zwar gut geschützt gegen Vandalismus und Hochwasser, wirkt die Statue hinter Gittern (1913 neu geschaffen von Nikolaus Steinbach) aber auch ein wenig abweisend. Den ursprünglichen Bildstock stellten 1773 die Kartäusermönche an der Mauer des Hofes auf, der von 1356 bis 1782 in ihrem Besitz war. Maternus am Rhein – mit gleich drei Bischofshüten, denn er betreute die Bistümer Köln, Trier und Tongern (heute Lüttich) – bereitet uns darauf vor, dass sich Rodenkirchen ganz unter den Schutz des ersten bekannten Kölner Bischofs (um 300) gestellt hat. Nur wenige Meter flussaufwärts, am Rodenkirchener Leinpfad, steht die dazugehörige weiße, ein wenig gedrungen wirkende Maternuskapelle, deren Ursprünge bis ins 10. Jahrhundert zurückreichen. In der Folgezeit wurde das Gotteshaus – das nur während der Andachten geöffnet ist – immer wieder umgebaut, zuletzt 1954 nach den Kriegszerstörungen. Das „Kapellchen", wie die Rodenkirchener ihre ehemalige Pfarrkirche liebevoll nennen, ziert zur Wasserseite hin eine neuere Maternus-Statue des Weißer Bildhauers Elmar Hildebrand.

Der heilige Maternus mit drei Bischofshüten

Wer mag, kann hier schon die erste Pause einlegen, denn direkt neben dem Kapellchen befinden sich die beiden traditionsreichen Gasthäuser „Zum Treppchen" und „Fährhaus" in Fachwerkhäusern aus dem 18. und frühen 19. Jahrhundert. Sie zeugen vom ehemals wichtigen Erwerbszweig der Rodenkirchener, der Treidelwirtschaft. Bis 1840 zogen Pferde die Schiffe auf dem Leinpfad flussaufwärts. Das war das Treideln. In Rodenkirchen wurden zum ersten Mal hinter Köln die braven Arbeitstiere gewechselt, und die „Lingeboor" (die Leinen-Bauer) gönnten sich ebenfalls ein Päuschen.

Denkmal für den Brühler Johann Stemmeler

Wir gehen weiter den Rhein flussaufwärts, allerdings befinden sich die Wegweiser des KÖLNPFADs aus Gründen des Landschaftsschutzes nur entlang der „Uferstraße", direkt neben der 2006 fertiggestellten Hochwasserschutzmauer. Die metallenen Scheiben in der Mauerkrone sind Vorrichtungen, um bei Bedarf zusätzliche Wände aufzusetzen. Die Konstruktion ist Teil des Hochwasserschutzkonzeptes der Stadt Köln, das von Godorf beziehungsweise Langel im Süden bis Worringen und Flittard im Norden reicht – 67 Kilometer Rheinufer – und auch bei einem „200-jährigen Hochwasser" von 11,90 Metern Kölner Pegel das Stadtgebiet schützen soll. Bis Ende 2008 investieren Stadt und Land dafür 400 Millionen Euro. Zur Erinnerung: Die „Jahrhunderthochwasser" 1993 und 1995 erreichten jeweils Pegelstände von 10,63 Metern beziehungsweise 10,69 Metern. Marken über elf Metern würden selbst nicht direkt am Rhein gelegene Stadtteile wie Nippes überfluten.

Schöner ist es natürlich, direkt am Wasser entlang zu gehen mit Blick auf die Villen an der Uferstraße – modern sachlich oder gründerzeitlich verschnörkelt –, der breiten Wiese dazwischen und dem vorgelagerten Sandstrand. Einzeln stehende Bäume wie Platane, Kastanie und Trauerweide fesseln den Blick und erfreuen den Botaniker, denn auf dem Rasen dürfen sie unbedrängt ihre Pracht entfalten und bieten ihr jeweils typisches Erscheinungsbild. Im Sommer ist in diesem Abschnitt schon die nächste Pause fällig (Badezeug nicht vergessen!), denn vom Leinpfad bis zum Campingplatz mit Minigolfanlage lockt direkt am Rhein der Sandstrand der „kölschen Riviera". Kurz nachdem wir am Ende des Campingplatzes in das pralle Grün des Auenwaldes eingetaucht sind, steht am Wegesrand ein Gedenkstein, der noch nach 250 Jahren regelmäßig mit

Blumen geschmückt wird. Das Mahnmal erinnert an den Brühler Johann Stemmeler, Sohn des Stadtmüllers, der am 6. Februar 1758 im Alter von 21 Jahren ermordet wurde. Seine Leiche wurde gut fünf Wochen später hier am Rheinufer aus dem eiskalten Wasser gezogen. Die Mörder wurden nie gefasst. Wie die Geschichte sich vielleicht zugetragen haben könnte, das beschreibt die Kölner Journalistin Petra Reategui in ihrem Roman „Falkenlust" – interessante Lektüre für stille Stunden am Rheinufer …

Wir wandern jedoch weiter, circa vier Kilometer entlang des „Weißer Bogens". Dieser Innenbogen einer sehr ausschweifenden Mäanderschlange des Rheins (den wir in der letzten Etappe rechtsrheinisch in Gegenrichtung erwandern) ist zum Wasser hin mit ausgeprägten Auenwäldern bedeckt, landseitig wechseln Felder mit Laubwäldern ab.

Der „Weißer Leinpfad" ist ein Weg für Augen und Ohren. Denn in das helle Zwitschern, Pfeifen und Tirilieren der Vögel mischt sich ununterbrochen das dumpfe Brummen der Containerschiffe. Wirkliche Größe zeigen hier die Pappeln, während im Unterholz nicht nur Liebhaber feuchter Standorte wie Erle und Esche ums Licht kämpfen, sondern auch Holunder und Eichen anzutreffen sind. Selbst bei Regenwetter erscheint der Auen-

Sandstrand der „kölschen Riviera" in Rodenkirchen

Ländliche Idylle bei Stromkilometer 678

wald niemals bedrohlich, denn seine Mächtigkeit wirkt stets auch großzügig. Derart dicht und bewachsen müssen die Niederungen des Rheins an vielen Stellen jahrhundertelang ausgesehen haben.

Die üppige Natur im „Weißer Bogen" – die so natürlich an manchen Stellen gar nicht ist, denn während der Aufforstung in den 50er Jahren des 20. Jahrhunderts wurden auch viele Experimente mit unterschiedlichen Pappelarten gemacht – bildet einen herben Kontrast zum dicht bebauten Ufer auf der anderen Rheinseite in Porz. Wer dahin will, steigt im Ortsteil Weiß am besten ins „Krokodil". Die harmlose Personenfähre schippert in den Sommermonaten gemächlich über den Rhein nach Zündorf, ins beliebte Naherholungsgebiet „Zündorfer Groov", das wir auf der vorletzten Etappe des KÖLNPFADs erreichen.

Wir bleiben auf der linken Rheinseite, genießen das schattige Plätzchen unter Kastanien am Fähranleger oder machen einen Abstecher wenige hundert Meter flussaufwärts zur St. Georgskapelle – mit Gelegenheit zur Einkehr im Lokal „Zum Kapellchen". Das mit Schiefer gedeckte, trutzig und gedrungen wirkende Gotteshaus wurde erstmals 1433 urkundlich erwähnt, in den folgenden Jahrhunderten um- und ausgebaut, zuletzt

nach den Kriegszerstörungen 1965. Weißer Bürger renovierten 1982 in Eigeninitiative das Kirchlein und statteten es mit ungewöhnlichen Fresken und Bildern aus.
Der KÖLNPFAD folgt vom Fähranlieger dem „Triftweg", am Heiligenhäuschen aus dem 19. Jahrhundert entlang, und führt wieder Richtung Rodenkirchen – wir kürzen den „Weißer Bogen" ab. Die idyllische Landschaft lässt uns nicht los: Felder zur Linken, Pferdekoppeln zur Rechten, marschieren wir schließlich mitten durch den Buchenwald. Diese vom Tempo der Großstadt unberührte Landschaft darf ihren Charme und ihre Eigenart behalten – denn trotz der exklusiven Lage darf der Innenbogen der großen Rheinschleife nicht bebaut werden. Hier befindet sich eines der großen Wassergewinnungsgebiete Kölns. In rund 600 Metern Abstand vom Rheinufer wurde 1965 eine „Brunnengalerie" mit zwölf Brunnen gebohrt. Hier wird Uferfiltrat gefördert, im Uferbereich versickertes Rheinwasser. Zusammen mit dem Grundwasser, das ins Wasserwerk Hochkirchen (auch da führt unser Weg entlang) gepumpt wird, gelangt dieses Rohwasser ins historische Wasserwerk Severin II in der Südstadt und wird zu Trinkwasser aufbereitet. Das ist für die Haushalte der linksrheinischen Innenstadt bis zur „Aachener Straße" bestimmt. Die RheinEnergie veranstaltet auch Führungen durchs Wasserwerk, allerdings nur für ihre „Wasserkunden".

Blick von Weiß über den Rhein nach Zündorf auf die Kirche St. Mariä Geburt

Heiligenhäuschen beim Fähranleger in Weiß

Wir genießen den Weg durch Feld und Flur und machen noch einmal Rast am „Landhaus am Tennisplatz". Da die hübsche Sonnenterrasse neben den Sandplätzen des Rodenkirchener Tennisclubs etwas abseits des Weges liegt, öffnet der Pächter des Lokals sogar extra für müde Wanderer, die sich vorher telefonisch anmelden. Wir überqueren die „Weißer Straße", und wer mag, kann hier seine „Rhein"-Tour beenden, denn nur 100 Meter entfernt befindet sich eine Bushaltestelle.

Der KÖLNPFAD verläuft jetzt weiter zwischen den Stadtteilen Rodenkirchen und Weiß, durch Kölns jüngste Neuerwerbungen. Zwar gab es im 19. und 20. Jahrhundert insgesamt sechs Wellen der Stadterweiterung, aber stadtgeschichtlich prägend sind insbesondere zwei Daten, nämlich der 1. April 1888 (kein Scherz!) und der 1. Januar 1975. Aufgrund der Industrialisierung und der rasanten wirtschaftlichen Entwicklung im ausgehenden 19. Jahrhundert wurden 1888 gleich 26 Dörfer vor den Toren der Stadt dem Oberzentrum einverleibt. Wegen enger wirtschaftlicher Beziehungen gehörten die ehemaligen Weiler längst zur Großstadt. Eingemeindet wurden unter anderem Longerich, Riehl, Niehl und Nippes im Norden, Ehrenfeld, Müngersdorf, Lindenthal und Klettenberg im Westen, Zollstock, Bayenthal und Marienburg im Süden sowie Poll und Deutz auf der anderen Rheinseite. Köln vergrößerte sich von einem Tag auf den anderen um mehr als 100.000 Neubürger. Die letzte Stadterweiterung vor gut 30 Jahren im Rahmen der kommunalen Gebietsreform mit dem „Köln-Gesetz" brachte unter anderem den Einwohnern von Rondorf, Weiß, Sürth und Rodenkirchen, die bis dahin noch zur selbstständigen Gemeinde Rodenkirchen gehörten, den Status von Großstädtern ein.

Die ehemals selbstständige Stadt Porz gehört seitdem – zuerst zähneknirschend – auch zu Köln, nur Wesseling klagte sich erfolgreich ein Jahr später wieder aus der neuen Großgemeinde heraus. Das Landesverfassungsgericht entschied, dass die zwischen Köln und Bonn gelegene selbstständige Stadt – anders als Porz – „siedlungs- und wirtschaftsräumlich keine Einheit mit der Großstadt bilde". Seitdem schrammt Köln immer am Status einer Millionenstadt vorbei – und Porz hat seinen Frieden mit dem „großen Bruder" gemacht.

Weiter führt uns der KÖLNPFAD am südlichsten Zipfel von Rodenkirchen entlang. Fast übersehen wir auf dem Weg dorthin das Wegekreuz „An den vier Linden" aus dem Jahr 1840. Vom Verkehr umtost – denn hinter den Leitplanken führt die „Industriestraße" entlang – steht es ein wenig unbeachtet, von vier Linden umgeben. Wie ihre knorrigen Vorgänger bilden die jungen Laubbäume mit ihrem Blätterdach ein natürliches Kapellchen über dem Kreuz, das typisch ist für den Kölner Raum. Denn hier wurden Weggabelungen häufig durch Baumgruppen oder Kreuze markiert.

Der moderne, autogerechte Straßenverlauf zwingt den KÖLNPFAD weiter auf asphaltierten Wegen am Lennartzhof vorbei. Die rechteckig geschlossene Hofanlage – die erstmals 1171 urkundlich erwähnt wird – ist der letzte von ehemals zehn Höfen, die das Dorf Rodenkirchen einstmals prägten. Wie so viele ehemalige Gutshöfe beherbergt auch diese Anlage mittlerweile nur noch Eigentumswohnungen. Das spätbarocke Herrenhaus mit den symmetrischen Straßen- und Hoffassaden stammt aus dem 18. Jahrhundert und ist heute der Sitz diverser Firmen, deren Schilder am grünen Portal den stattlichen Gesamteindruck erheblich stören.

Wappen am Herrenhaus des Lennartzhofes

Wer mag, kann beim Lennartzhof den KÖLNPFAD verlassen und die

Parklandschaft Friedenswald

Auftakt-Etappe hier beenden. Die KVB-Haltestelle „Siegstraße“ ist nicht weit entfernt. Wer allerdings weiter geht und die „Industriestraße“ hinter sich lässt, kommt in den Genuss eines schönen Parks und einer beeindruckenden Gartenanlage. Friedenswald und Forstbotanischer Garten bilden das südlich gelegene Pendant zur Flora in der nördlichen Innenstadt von Köln. Den Friedenswald durchqueren wir, den Forstbotanischen Garten streifen wir nur, aber er bietet so viel botanisches Anschauungsmaterial, dass er für einen „Nebenbei-Besuch“ schon fast zu schade ist.
Friedenswald ist eigentlich eine irreführende Bezeichnung, denn Wald gibt es nur am Rand des 26 Hektar großen Geländes. Es ist eine von Menschenhand geschaffene, klassische Parklandschaft mit weiten, offenen Wiesenflächen, sanften Hügeln und einzeln stehenden, stattlichen Bäumen. Im Sommer heizt sich der kleine Landschaftskessel richtig auf, und beim Anblick der blendend weißen Sandfläche betäubt die Fantasie den Verstand. Plötzlich brechen sich sanfte Wellen am Strand, Kinder bauen ihre Burgen, Sonnenanbeter liegen im Sand – ein Ferienparadies breitet sich vor dem inneren Auge aus.

Die Vorstellung vom Paradies ist gar nicht so abwegig, obwohl der von 1979 bis 1981 angelegte Friedenswald eine etwas andere Art eines Garten Eden darstellt. Denn die 142 Bäume und Sträucher – mit Landesflaggen gekennzeichnet – stehen für die Staaten, zu denen die Bundesrepublik Anfang der 1980er Jahre diplomatische Beziehungen unterhielt. Sie sollen Völkerverständigung symbolisieren und damit ein Stück vom Paradies: Frieden auf Erden.
Paradiesische Zustände hat der offiziell am 26. April 1964 eröffnete Forstbotanische Garten gleich nebenan ebenfalls zu bieten. Denn auf einer Fläche von 25 Hektar – das entspricht 36 Fußballfeldern – sind Bäume, Sträucher und Pflanzen aus vielen Teilen der Welt zu finden, vom Kaukasus über Japan, China bis nach Nordamerika. Eine Rhododendronschlucht – angelegt auf den Trümmern eines ehemaligen preußischen Forts –, der Heidegarten und eine Pfingstrosenwiese sowie japanische Bäume mit prächtiger Herbstfärbung garantieren Naturerlebnisse zu jeder Jahreszeit. Seit 2001 sind auf Initiative des Vereins „Südkunst" Natur und Kultur eine belebende Verbindung eingegangen. Seitdem bereichern Skulpturen das Gartengrün.
Nach so viel Naherholung – kurz vor der Autobahnbrücke lässt sich die Etappe auch wieder beenden – können wir das bisschen Autobahnlärm gut ertragen, das sich auf dem Weg zum Wasserwerkswäldchen in Hochkirchen über unseren Köpfen

Skulptur im Forstbotanischen Garten

Graureiher zählen zu den Stammgästen am Kalscheurer Weiher

ausbreitet. Allerdings es ist nicht irgendeine Autobahn, deren mächtige Betonbrücke wir unterqueren, sondern die A 555, Deutschlands erste Autobahn. Beim Bau in den Jahren 1929 bis 1932 gab es den klar definierten Begriff „Autobahn" zwar noch nicht, aber die 20 Kilometer lange „Kraftwagenstraße" von Köln nach Bonn hatte schon alles, was eine Autobahn braucht: vier kreuzungsfreie Spuren, eine Gesamtfahrbahnbreite von zwölf Metern und einen Mittelstrich, der die Richtungsfahrbahnen optisch voneinander trennte. Recht hatte der damalige Kölner Oberbürgermeister Konrad Adenauer, als er bei der Einweihung am 6. August 1932 sagte: „So werden die Straßen der Zukunft aussehen." Was vor 75 Jahren mit 20 Kilometern im Rheinland begann, ist mittlerweile auf bundesweit mehr als 12.000 Kilometer angewachsen, Tendenz steigend. Erst am 1. April 1958 wurde die Köln-Bonner Landstraße auch offiziell zur Autobahn ernannt.
Weit genug von der A 555 entfernt, am Rand von Hochkirchen, zwischen Betonbrücke und Wasserwerkswäldchen liegt ein schöner Biergarten, der für eine Rast bestens geeignet ist. Er gehört zum Hotel der Familie Schmitte, das zusätzlich noch mit einer Tennisanlage ausgestattet ist. Tennis wird in dieser Ecke von Köln großgeschrieben, denn neben dem Hotel befindet sich die Tennisakademie von Marc-Kevin Goellner. Der ehemalige Weltklassespieler kümmert sich um junge Tennistalente und bereitet sie auf eine Profikarriere vor.

Der weitere Verlauf des KÖLNPFADs führt diesmal über die A 4 mit Blick aufs südliche Kölner Autobahnkreuz und durchs Wasserwerkswäldchen. Das Wäldchen gehört zu einer segensreichen Errungenschaft, von der die Kölner gerne mehr hätten und die in ihrem Bestand an manchen Stellen bedroht ist: dem Grüngürtel. Die „grüne Lunge" (es passt einfach nichts besser an dieser Stelle als das arg strapazierte Wort) ist ein Erbe der weitsichtigen Politik Konrads Adenauers, Bürgermeister in Köln von 1917 bis 1933. Zusammen mit dem aus Hamburg

Segelboot auf dem Kalscheurer Weiher

Äußerer Grüngürtel in der Nähe der Brühler Landstraße

stammenden Stadtplaner Fritz Schumacher entwarf Adenauer in der 20er Jahren des vorigen Jahrhunderts einen äußeren und einen inneren „Grünen Ring" um die schnell ins Umland gewachsene Großstadt. Linksrheinisch war ein 24 Kilometer langer und jeweils einen bis 1,5 Kilometer breiter Bogen geplant, rechtsrheinisch betrug er noch einmal zwölf Kilometer. Dieses grüne Band liegt genau dort, wo einstmals die preußischen Befestigungsanlagen standen, die aufgrund des Versailler Vertrages von 1919 geschleift werden mussten. Schließlich war Köln im 19. Jahrhundert die bedeutendste preußische Festungsstadt.

Mit den Worten „Jetzt muss sich entscheiden, ob Köln dereinst eine riesige Steinwüste sein wird oder aber eine Stadt, deren Bewohner ein menschenwürdiges Dasein führen können", setzte sich Adenauer für den großzügigen Landschaftspark in seiner Heimatstadt ein. Auf der linken Rheinseite wurden die Pläne in großen Teilen verwirklicht, rechtsrheinisch sind die verschiedenen Teilflächen deutlich unregelmäßiger und zerstückelter. Heute umfasst der „Äußere Grüngürtel" eine Fläche von etwa 800 Hektar.

Im südlichen Teil, auf den ehemaligen Ländereien der Gutshöfe Schiffhof und Essershof, durch die der KÖLNPFAD jetzt

führt und die bereits in fränkischer Zeit bewirtschaftet wurden, ist die Großzügigkeit der Parklandschaft besonders gut zu erleben. Wer im Frühsommer durch das hüfthohe Gras schreitet, könnte sich mit viel Fantasie auch in den Weiten der Prärie Nordamerikas wiederfinden. Und der Himmel, der Grüngürtelhimmel, der sich weit über die Landschaft spannt, bietet zu jeder Jahreszeit ein abwechslungsreiches Schauspiel von Wolken, Wind und Sonnenschein, das den Gedanken Flügel verleiht.
Wir gehen am Rand der Senke entlang, und an der Geländeformation ist noch gut zu erkennen, dass sich hier einst ein kreisrunder Teich befand, sogar mit einem Inselchen in seiner Mitte. Die Anlage wurde im Zweiten Weltkrieg zerstört und nicht rekonstruiert – im Gegensatz zum Kalscheurer Weiher, der sich knapp zwei Kilometer weiter westlich befindet und den eckigen Gegenpart zum verschwundenen Gewässer bildet. Der Weiher, der auch „Zollstocker Weiher" genannt wird, weil er offiziell keinen Namen hat und sich an den umliegenden Straßen orientiert, verströmte den Charme hausgemachter, leicht angestaubter Gemütlichkeit und erschien längst nicht so herausgeputzt wie im weiteren Verlauf des Grüngürtels die „elegante Dame" Decksteiner Weiher. Doch eine im Jahr 2010 durchgeführte, dringend notwendige Sanierung der Uferböschung und auch der Wege – die von der Kölner Grün Stiftung

Römische Grabkammer aus Tuffgestein

Domblick nicht weit vom Containerbahnhof Eifeltor entfernt

angestoßen und mit finanziert worden ist – hat den Weiher zwar aufgehübscht, aber dabei büßte er auch ein wenig von seiner Originalität ein. Beim Aufräumen am Wasser musste das Büdchen mit der Verleihstation für Ruder- und Tretboote weichen. Es wirkte eigenwillig, improvisiert und gerade deshalb liebenswert. Doch Bürgerproteste nutzten nichts. Nun soll ein neuer Kiosk mit Bootsverleih entstehen. Dass der Weiher abseits der großen Ströme erholungssuchender Großstädter liegt, hat sich auch bei einer Kolonie Graureiher herumgesprochen, die sich am Rand einer kleinen Insel niedergelassen hat. Im und am Wasser tummeln sich zudem Blässhühner, Schwäne und sogar Nilgänse.

Noch etwas liegt ein wenig im Wald verborgen, eine 1928 ausgegrabene römische Grabkammer aus Tuffblöcken, die aus dem 1. bis 3. Jahrhundert n. Chr. stammt. Sie gehörte wohl zu einem in der Nähe gelegenen römischen Gutshof. Schließlich war die nicht weit entfernte „Brühler Straße" für die Römer eine wichtige Heerstraße. Der fruchtbare Boden und das günstige Klima der Kölner Bucht verführten schon unsere Vor-Vorfahren dazu, hier zu ackern und zu ernten. Na ja, geackert wird hier noch heute. Ein Stückchen weiter an der „Brühler Landstraße" befindet sich der Straßenstrich. Wie sagte Heinrich Böll: „Huren, an denen in Köln kaum ein Weg vorbei führte…"

Das Ende der ersten Etappe des KÖLNPFADs berührt die Rückseite der Stadt, die Bahngleise nicht weit vom Containerbahnhof Eifeltor entfernt. Vorab streifen wir noch die von dichtem Grün überwucherten und langsam verfallenden Reste der preußischen Festung Fort VII und sehen ihn wenig später vor uns: halb verdeckt von abgestellten Kesselwagen, aber dennoch unverkennbar markant mit seinen beiden schlanken Türmen – den Kölner Dom. Luftlinie mehr als fünf Kilometer entfernt, aber uns ganz nah in dieser unwirtlichen Umgebung, in einem Gewirr von Gleisen und abgestellten Güterwaggons. Es sind die Ausläufer des nahe gelegenen „Umschlagbahnhofes Köln-Eifeltor", dem großen Containerbahnhof mit eigenem Autobahnanschluss. Die Zahlen sind beeindruckend: Hier werden pro Tag von sechs Containerumschlagskranbrücken bis zu 1.400 Container von der Schiene auf 850 Lastwagen verladen – oder umgekehrt. 40 ein- und ausgehende Züge transportieren die Güter weiter insbesondere in die Schweiz, nach Italien und Spanien. Der Schienenverkehr erspart der Straße damit mehr als 300.000 Schwerlastzüge pro Jahr.

Aber von diesen logistischen Glanzleistungen spüren wir hier am westlichen Rand des Stadtteils Klettenberg nichts. Wir wundern uns nur beim Weg durch den langen Eisenbahntunnel, welche abgelegten Ecken es in Köln doch gibt.

Der Komarhof in Klettenberg

Am Ende der Unterführung tauchen wir wieder in die Zivilisation ein und stehen vor dem Komarhof. Die geschlossene Hofanlage ist ein weiteres Beispiel dafür, wie die dichte städtische Bebauung einstmals prächtigen Gutshöfen mit viel Land drum herum immer näher rückte. Erstmalig im Jahr 1348 erwähnt als Lehnsgut des Stiftes St. Maria im Kapi-

Abhängen im Klettenbergpark

tol, machte Bürgermeister Arnold von Siegen das Gut 1550 zum „herrlich Rittergut", das über die Jahrhunderte immer wieder umgebaut wurde. Heute befinden sich dort Wohnungen und eine Kindertagesstätte.

Die letzten Schritte über Asphalt führen uns am Ende der Etappe hinunter in den Klettenbergpark, der in einer zehn Meter tiefen, ehemaligen Kiesgrube angelegt wurde. Der reizvolle Park ist selbst vielen Kölnern kaum bekannt, weil er sich an seinem eigentlich gut zugänglichen Standort doch versteckt hält. Gartendirektor Fritz Encke entwarf die Grünanlage von 1905 bis 1907 und verband darin die Idee des Naturgartens mit pädagogischem Anspruch. Denn die für das Rheinland typischen Landschaftselemente, wie eine Heidelandschaft, ein Gewässer mit Uferpflanzen und Waldpartien, sollten der Erholung dienen. Daneben ließ Encke – was mittlerweile kurios anmutet – einen Basaltsteinbruch und einen Schiefersteinbruch nachbauen, die der Belehrung und Bildung der Besucher dienen sollten. Heute haben moderne Technik und bürgerschaftliches Engagement in den hübschen Park Einzug gehalten, der sich aufgrund seiner asymmetrischen Anlage von den gründerzeitlichen Parks mit ihren strengen Ornamentformen wohltuend unterscheidet. Eine durch Sonnenenergie betriebene Pumpe gewährleistet die Sauerstoffversorgung für den kleinen Weiher, und Paten kümmern sich um den Rosengarten, weil die Stadt die Pflege nicht mehr gewährleisten kann, die für dieses Kleinod nötig ist. Auf der anderen Seite des Klettenbergparks klettern wir wieder ans Licht und erreichen die gleichnamige KVB-Haltestelle, das Ende der Auftakt-Etappe.

Solarenergie sorgt für sauberes Wasser im Klettenbergpark

**Länge:** 22 Kilometer

**Dauer:** 6 Stunden, 30 Minuten

**Profil:** Flach, knapp die Hälfte der Strecke führt allerdings über asphaltierte Wege. Geeignet für Kinderwagen.

**Anfahrt:** mit der KVB-Linie 16 bis Haltestelle „Heinrich-Lübke-Ufer"

**Karte:** topografische Karte 1:25.000, Blatt 5107 (Brühl), 5108 (Porz), 5007 (Köln)

## Abkürzungen:

**Kilometer 10:** Auf der „Weißer Straße" befindet sich rechts 200 Meter entfernt die Bushaltestelle „Grüngürtelstraße" der Linien 130 und 131, die in sieben Minuten den Bahnhof „Rodenkirchen" erreichen. Dort fährt die KVB-Linie 16 in 18 Minuten bis in die Innenstadt.
**Kilometer 12:** Von der „Römerstraße" in die Querstraße vor dem Lennartzhof („Kirschblütenweg") einbiegen, dann in die „Birkenstraße" gehen. Von dort ist die KVB-Haltestelle „Siegstraße" der Linie 16 ausgeschildert.
**Kilometer 14,5:** Vor der Autobahnbrücke der A 555 befindet sich die Haltestelle „Bonner Landstraße" der Buslinie 131, die in fünf Minuten den Bahnhof Rodenkirchen erreicht.

## Einkehrmöglichkeiten:

**Bootshaus „Alte Liebe"** www.bootshaus-alte-liebe.de
Am Leinpfad, 50996 Köln, Tel. 02 21-39 23 61
Öffnungszeiten: Mo–Fr ab 12 Uhr, Sa/So/Feiertage ab 11 Uhr

**Zum Treppchen**
Kirchstraße 15, 50996 Köln, Tel. 02 21-39 21 79
Öffnungszeiten: täglich 10–24 Uhr (warme Küche 11–23 Uhr)

**Fährhaus** www.faehrhauskoeln.de
Steinstraße 1, 50996 Köln, Tel. 02 21-9 35 99 69
Öffnungszeiten: Mo–Fr 11–1 Uhr, Sa/So/Feiertage 10–1 Uhr

**Zum Kapellchen**
Weißer Hauptstraße 15, 50999 Köln, Tel. 0 22 36-6 24 26
Öffnungszeiten: Di–So ab 16 Uhr, Mo Ruhetag

**Landhaus an der Tennisanlage Frank**
Unterer Weißer Weg 10, 50999 Köln, Tel. 02 21-39 39 19
Öffnungszeiten: Mo 12–22 Uhr, Di–So 10–22 Uhr und nach Vereinbarung

**Hotel-Restaurant Familie Schmitte** www.hotelschmitte.de
Großrotterweg 1, 50997 Köln, Tel. 0 22 33-9 21 00-0
Öffnungszeiten: Restaurant täglich 7–24 Uhr (warme Küche 12–14 Uhr, 18–22 Uhr), Biergarten täglich 7–23 Uhr (warme Küche 12–14 Uhr, 18–22 Uhr)

## Allgemeine Informationen:

**Campingplatz Berger** www.camping-berger-koeln.de
Uferstraße 71, 50996 Köln, Tel. 02 21-9 35 52-40

**Personenfähre Krokodil** www.faehre-koelnkrokodil.de
Heiko Dietrich, Weißer Leinpfad, 50999 Köln, Tel. 0 22 36-6 83 34
Betrieb: April–Oktober Mo–Fr 11–19 Uhr, Sa/So/Feiertage 10–20 Uhr
Preise: Fußgänger einfache Fahrt 1,80 Euro (Hin- und Rückfahrt 2,80 Euro), Radfahrer 2,- Euro (Hin- und Rückfahrt 3,- Euro), Kinder von vier bis sechs Jahren 60 Cent, Gruppentarife ab 5,- Euro.
Von der Personenfähre Krokodil in Weiß können Sie noch 400 Meter rheinaufwärts gehen und gelangen (zweiten Aufgang benutzen) in den Ortsteil Weiß zur **St. Georgskapelle** und dem Lokal „Zum Kapellchen".

**Forstbotanischer Garten**
Schillingsrotter Straße 100, 50996 Köln, Tel. 02 21-35 43 25
Öffnungszeiten: November–Februar täglich 9–16 Uhr, März täglich 9–18 Uhr, April, Mai–August täglich 9–20 Uhr, September/Oktober 9–18 Uhr. Eintritt: frei
Führungen finden jeden ersten Mittwoch im Monat um 14.30 Uhr und jeden dritten Samstag im Monat um 15 Uhr statt.
Treffpunkt ist der Unterstellpilz im Zentrum des Gartens.

Schwäne und eine Kanadagans am Kalscheurer Weiher

# Etappe 2

## Von den ersten Siedlern
### und dem Werk Konrad Adenauers

KÖLNPFAD

Links: Platanenallee am Decksteiner Weiher
Links oben: Ehrenpreis am Wegesrand

# WEGBESCHREIBUNG 2

**An der KVB-Haltestelle „Klettenbergpark"** überqueren Sie die stadtauswärts führende Fahrspur der „Luxemburger Straße" und gehen durch das Absperrgitter in die Grünanlage. In dieser gehen Sie bis zum Ende, überqueren die „Berrenrather Straße", gehen geradeaus und biegen nach wenigen Metern im Grünen nach links ab, nach 200 Metern wieder links in den kleinen Pflasterweg, der leicht bergan führt. Am Ende des Pflasterweges gehen Sie links, an der Elsa-Brändström-Realschule entlang, bis zur „Berrenrather Straße". Hier gehen Sie rechts Richtung „Militärring", überqueren „Militärringstraße" und „Berrenrather Straße", denn auf der linken Seite befinden sich der Duffesbach und nach gut 100 Metern die Reste des Römerkanals (mit Dach).

**Am Römerkanal** überqueren Sie erneut die „Berrenrather Straße" und gehen in die „Franz-Kremer-Allee". Nach 50 Metern gehen Sie links in den Waldweg, an der ersten Kreuzung wieder links und biegen am zweiten Weg (große Kreuzung) rechts ein. Durch die Platanenallee gehen Sie bis zum Ufer des Decksteiner Weihers. Hier gehen Sie rechts am Ufer entlang, am Schild „RheinEnergieSportpark" geradeaus bis zum Schild „Franz-Kremer-Stadion". Hier biegen Sie links ein und folgen 500 Meter dem Weg. An der ersten Weggabelung wandern Sie links bis zur „Gleueler Straße", überqueren diese, gehen 30 Meter geradeaus, biegen dann rechts ab und gleich wieder links. Nach 100 Metern nehmen Sie den abwärts führenden Teerweg halbrechts durch Fort VI hindurch. Auf dem Vorplatz, die Kaserne im Rücken, gehen

Römische Wasserleitung mit Absetzbecken

Sie nach links (am Ende der Kehlkaserne befindet sich der Felsengarten) und folgen weiter dem Weg bis zur Gaststätte „Haus am See".

Oben: Wegweiser im Sportpark Müngersdorf
Unten: Brütender Schwan am Decksteiner Weiher

Das **„Haus am See"** umrunden Sie, biegen links auf dem Parkplatz in den Uferweg ein und gehen am Decksteiner Weiher entlang. An der nächsten Abzweigung gehen Sie wieder links, weiter am Ufer entlang. An der folgenden Abzweigung, vor der Kastanienallee, biegen Sie rechts ab, gehen vom Ufer weg. Am Ende des Weges, im Wald, gehen Sie wieder rechts, queren eine schmale Teerstraße und erreichen nach 100 Metern die Eisenbahntrasse, die Sie überqueren. 20 Meter wandern Sie geradeaus, dann gehen Sie an den Picknick-Bänken rechts. Der Weg schlängelt sich am Waldrand entlang bis fast zur „Dürener Straße". 20 Meter vor der „Dürener Straße" gehen Sie rechts, nach 100 Metern wieder links und überqueren an der Aufpflasterung die viel befahrene Straße. Den breiten Weg wandern Sie 200 Meter geradeaus, dann biegen Sie an der vierten Kreuzung links ab und gehen in den großen Hauptweg.

**Sie erreichen den Platz** mit den zehn markanten Ahornbäumen (Pilz zum Picknick in Sichtweite). Hier gehen Sie weiter geradeaus, überqueren eine Teerstraße und erreichen das Ufer des Adenauer Weihers. Jetzt wenden Sie sich nach links und wandern unmittelbar am Ufer entlang, ungefähr um den halben Weiher herum, bis Sie die rot-weißen Wegweiser für Fahrradrouten erreichen. Hier verlassen Sie den Weiher, nehmen den Weg rechts am Wegweiser vorbei und gehen an der Kreuzung rechts die leichte Anhöhe empor. Am Denkmal wandern Sie vorbei (rechts unten liegen die Jahnwiesen und das RheinEnergieStadion) und gehen am Ende des Weges rechts, den geteerten Weg am Rand der Jahnwiesen entlang. Am Ende des Teerweges gehen Sie wieder rechts, geradeaus über den Parkplatz und überqueren die „Junkersdorfer Straße". Sie gehen jetzt am Stadion vorbei (liegt rechter Hand), weiter geradeaus am „Marathontor" vorüber und

Mandarinente am Adenauer Weiher

biegen erst vor der Wiese rechts ab. Nach 50 Metern gehen Sie links den gepflasterten Weg und unter dem Schriftzug „Stadion" hindurch bis zur „Aachener Straße".

**Die „Aachener Straße"** überqueren Sie, gehen wenige Meter stadtauswärts und biegen dann rechts in den „Walter-Binder-Weg" ein. Nach 100 Metern, vor den rot-weißen Absperrpollern, gehen Sie rechts (gegenüber liegt das Sportgelände der Cologne Cardinals) und nach 80 Metern an der Weggabelung dann links (rechts geht's zum Spielplatz). Am Ende der Pferdekoppel biegen Sie wieder links ab, wandern bis zur Teerstraße, dort biegen Sie erneut nach links ab und wenden sich nach 80 Metern rechts in den „Rudolf-Harbig-Weg" (mit Schranke). An der nächsten Kreuzung biegen Sie rechts ab und nach 100 Metern (links steht ein Picknick-Pilz, rechts befindet sich der Sportplatz) gehen Sie an der Kreuzung vor der Wiese halbrechts.

**Am Lehrgarten des Kleingärtnerverbandes** führt der Weg vorbei. Kurz danach macht der Splittweg ein Rechtskurve. Sie gehen hier geradeaus, biegen erst nach 20 Metern rechts ab und gehen jetzt parallel zu den Eisenbahnschienen. Am Ende des Weges treten Sie aus dem Wald heraus, treffen wieder auf den „Walter-Binder-Weg" und gehen links über die Brücke (Domblick!) mit blauem Geländer. Am Ende der Brücke biegen Sie nach links ab in den „Gerhard-Marcks-Weg" und gehen geradeaus; die Straße wird zu einem Schotterweg, der parallel zu den Schienen verläuft. Sie folgen dem Weg, durch rot-weiße Absperrpfähle, bis zum Ende des Zaunes auf der rechten Seite. Dann wenden Sie sich nach rechts und folgen dem Weg entlang einer ehemaligen Baumschule (rechts). Am Ende des Weges gehen Sie nach rechts und, nach 20 Metern, an der Gabelung nach links bis zur Kreuzung von „Belvederestraße"/„Gregor-Mendel-Ring".

**Den „Gregor-Mendel-Ring"** und die „Belvederestraße" überqueren Sie (Achtung: Nur ein Überweg ist mit einer Fußgängerampel versehen!) und gehen 100 Meter an der linken Seite des „Gregor-Mendel-Rings" entlang (Achtung: gefährliche Wegstrecke, da nah an der Straße und unbefestigt!) bis zum ersten Feldweg, der mit einer rot-weißen Sperre versehen ist. Sie folgen dem Weg zwischen Feld- und Waldrand, überqueren den Zufahrtsweg („Carl-von-Linné-Weg") zu Gut Vogelsang, die Straße „Vogelsanger Weg" und biegen erst im kleinen Wäldchen rechts ab. Sie wandern den Waldweg entlang, bis Sie auf die Straße „Freimersdorfer Weg" stoßen. Sie gehen rechts den „Freimersdorfer Weg" entlang bis zur Kreuzung mit der „Venloer Straße", überqueren die Kreuzung und gehen bergab durch die „Andreas-Muhr-Straße" (die alte „Venloer Straße"), überqueren die „Militärringstraße" und erreichen die KVB-Haltestelle „Bocklemünd".

Hinweisschilder am Stadion

# Von Klettenberg nach Bocklemünd

Querschnitt der imposanten römischen Wasserleitung

Die KVB-Haltestelle „Klettenbergpark" ist der ideale Ausgangspunkt für eine abwechslungsreiche Etappe, die größtenteils durch den äußeren Grüngürtel führt – und von den ersten Siedlern der Jungsteinzeit über die Römer bis zu den Preußen und Konrad Adenauer alle wichtigen Epochen Kölner Stadtgeschichte im Vorbeimarsch berührt. Den lauschigen Klettenbergpark – Endpunkt der ersten Etappe des KÖLN-PFADs – lassen wir diesmal links liegen und gehen durch die gegenüberliegende Grünanlage. Wir streifen den Beethovenpark – ebenso wie der Klettenbergpark von Gartendirektor Fritz Encke Ende der 20er Jahre des letzten Jahrhunderts geplant – und erreichen an der „Militärringstraße" eine Ausgrabung, die uns noch weiter in die Vergangenheit der Stadtgeschichte katapultiert – knapp 2.000 Jahre zurück in die Römerzeit.

Zu sehen ist ein Stück der römischen Wasserleitung, die von der Eifel nach Köln führte, sowie ein Absetzbecken, in dem sich Schwebstoffe aus dem Wasser ablagern konnten. Das technische Meisterwerk gehörte mit einer Gesamtlänge von 95,4 Kilometern zu den längsten Fernwasserleitungen des römischen Reiches und versorgte vom 1. bis 3. Jahrhundert n. Chr. Köln – damals noch Colonia Claudia Ara Aggrippinensium – mit Trinkwasser. Pro Tag gelangten bei einem Gefälle von 370 Metern immerhin 20.000 Kubikmeter frisches Quellwasser in die Provinzhauptstadt Niedergermaniens. In deren Stadtmauern lebten zu Beginn des 2. Jahrhunderts n. Chr. etwa 15.000 Menschen. Noch einmal 5.000 wohnten und arbeiteten vor den Toren. Zwischen Köln und Nettersheim gibt es immer noch zahlreiche Überbleibsel dieses größten antiken Bauwerkes nördlich der Alpen. Der Verlauf der Wasserleitung kann heutzutage über den 111 Kilometer langen Römerkanal-Wanderweg erwandert werden.

Ein Gewässer schlängelt sich immer noch, wenn auch sehr versteckt, entlang des KÖLNPFADs und entschwindet just an dieser Stelle in die Kanalisation: Es ist der Duffesbach. Er entspringt in Hürth-Knapsack, speiste einst auch den Römerkanal und mündet in den Rhein. An seinen eigentlichen Verlauf in der Stadt erinnert nur noch die Straßenbezeichnung „Am Duffesbach". Im Mittelalter befanden sich entlang der „Bäche", wie der Kölner die Straßen Blaubach, Rothgerberbach, Weidenbach, Mühlenbach und eben „Am Duffesbach" nennt, die Werkstätten der Färber und Gerber.
Wir überqueren die viel befahrene Kreuzung „Berrenrather Straße"/„Militärringstraße" und streifen das Vereinsheim mit dem Trainingslände des 1. FC Köln. Durch die Laubbäume schimmert das 1953 erbaute Geißbockheim mit dem saftig grünen Rasenplatz davor. Es wurde nach dem Maskottchen des Kölner Fußballclubs benannt und steht auf den Resten eines ehemaligen preußischen Forts. Der einstmals große Fußballverein befindet sich seit Jahren in einer Dauerkrise, und böse Zungen behaupten, guten Fußball gäbe es nur noch im benachbarten Franz-Kremer-Stadion zu sehen, in dem die Amateure des 1. FC spielen. Kremer war der erste Präsident des 1948 gegründeten „Ersten Fußball-Club Köln 01/07".
Wir wandern auf unser nächstes Ziel zu, den Decksteiner Weiher, Kölns schönstes Naherholungsgebiet und unbestritten be-

Schwäne lieben den Decksteiner Weiher

Platanen säumen den KÖLNPFAD im Grüngürtel

liebteste Joggingstrecke. Die beiden 20 Hektar großen Gewässer – durch einen Kanal miteinander verbunden – sind in eine klassische Parklandschaft eingebettet mit Kastanienalleen, Reihen von mächtigen Platanen und Buchenwäldern, deren gerade, himmelwärts strebende Stämme fast eine sakrale Stimmung herbeizaubern. Im Frühjahr ist das Ufer der Weiher Kinderstube der Stockenten, während die Schwäne ihren Nachwuchs noch ausbrüten. Und für die Kölner Menschenkinder hat das Naherholungsgebiet sowieso das ganze Jahr über Saison.

Der breite Weg führt durch Licht durchflutete Laubwälder, und was am Wegesrand wie ein unsortierter Gesteinshaufen aussieht, weiß der KÖLNPFAD-Pate Uwe Zinnow genau zu deuten: „Es ist der Rest eines Zwischenwerks der preußischen Befestigungsanlagen, die von 1873 bis 1881 gebaut wurden." Zinnow ist der erste Vorsitzende der „Arbeitsgemeinschaft Festung Köln", die es sich zur Aufgabe gemacht hat, die Reste der Militäranlagen vor dem Verfall zu bewahren.

Denn Köln war im 19. Jahrhundert die bedeutendste preußische Festungsstadt mit einem inneren Befestigungsring (erbaut von 1820 bis 1840) und einem äußeren sogenannten Rayon. Zu diesem äußeren Ring gehörten zwölf große Forts und

23 kleinere Zwischenwerke. Köln als Festungsstadt bestand jedoch nur wenige Jahrzehnte, denn nach dem verlorenen Ersten Weltkrieg und der Besetzung des Rheinlandes bis 1926 überwachten die alliierten Truppen die im Versailler Vertrag geregelte Zerstörung fast aller Festungswerke. Konrad Adenauer ist es wiederum zu verdanken, dass nur die strategisch wichtigen Teile beseitigt werden mussten. Es durften die Gebäude stehen bleiben, die in Parks eingebettet werden sollten wie beispielsweise FORT VI – das Decksteiner Fort –, durch das der KÖLNPFAD hindurchführt. Innerhalb dieser alten Gemäuer befinden sich heutzutage Proberäume für Musikgruppen. Auch zwei Fußballvereine und ein Ruderclub haben hier ihr Domizil. Der Vorplatz ist sogar als öffentlicher Grillplatz ausgewiesen, der beim Lindenthaler Bürgeramt angemietet werden kann. Das Decksteiner Fort ist ein typisches Beispiel dafür, wie sich die ehemaligen kriegswichtigen Festungsanlagen zu Orten wandelten, die seit Jahrzehnten friedlichen Zwecken dienen – Spiel, Sport und Erholung.
Neben dem Fort liegt im ehemaligen Festungsgraben der Felsengarten. Er wurde 1923 bis 1927 – wie die gesamte Grünanlage um das Fort herum – ebenfalls von Fritz Encke geschaffen, der nicht nur das Amt des städtischen Gartendirektors bekleidete, sondern sich auch mit dem Titel königlicher Gartenbaudirektor schmücken durfte. Von der ursprünglichen Bepflan-

Das ehemalige preußische Fort VI

Felsengarten im ehemaligen Festungsgraben

zung mit alpinen Stauden ist kaum etwas übrig geblieben, aber die gesamte Anlage, die erst 2001 saniert wurde, strahlt immer noch den Charme eines gut geschützten Dornröschens aus, das lieber nicht geweckt werden will.
Am Ende des Kanals erreichen wir den nördlichen Decksteiner Weiher mit dem traditionsreichen Ausflugslokal „Haus am See". Wer mag, kann hier im Sommer sogar Bötchen fahren oder eine Runde Minigolf spielen.
Wir umrunden die Gaststätte mit der großen Aussichtsterrasse und verabschieden uns langsam vom Weiher. Aber keine Bange, das nächste Gewässer ist nicht weit.
Auf dem Weg dorthin überqueren wir die Gleise, die nach Frechen führen. Die ehemalige Strecke der KFBE, der „Köln-Frechen-Benzelrather Eisenbahn", wurde von 1891 bis 1894 als kombinierte Güter- und Straßenbahnstrecke eingerichtet, um insbesondere die Produkte der Frechener Tonwarenindustrie, der Sandgruben und der Benzelrather Brikettfabriken zum „Staatsbahnhof" Ehrenfeld und 1925 weiter bis zum neu erbauten Rheinhafen in Niehl zu transportieren. Seit 1992 existiert die KFBE nicht mehr, sie ging in der neu gegründeten „Häfen und Güterverkehr Köln AG" auf. Den Personenverkehr betreiben seitdem auf dieser Strecke die Kölner Verkehrs-Betriebe (KVB).
An dieser Stelle lohnt noch ein Blick hinab in die tiefere Vergangenheit, sozusagen unter die Grasnarbe zurück bis in die Steinzeit. Denn hier wurden im Zuge des Grüngürtelausbaus 1929 die Überreste eines „bandkeramischen" Dorfes gefunden. Die rund 100 Hausgrundrisse, zahlreiche Steinwerkzeuge und Tongefäße – hauptsächlich mit Bandornamenten verziert, die der Epoche den Namen geben – legen Zeugnis davon ab, dass das Dorf vom Ende des 5. Jahrtausends und den ersten Jahrhunderten des 4. Jahrtausends v. Chr. mit Unterbrechungen

bewohnt war. Die Kölner der Jungsteinzeit betrieben Ackerbau, denn der fruchtbare Löss – der aus dem Gletscherschutt der Eiszeit ausgewehte kalkreiche Staub – bot dafür die besten Voraussetzungen. Von den Ausgrabungen ist heute auf der Wiese allerdings nichts mehr zu sehen. Fotos und Zeichnungen dokumentieren den Fund.

Dafür ist eine andere Anlage aus den 1950er Jahren vom Grünflächenamt wieder freigelegt worden – das Arboretum mit Gewächsen, die hauptsächlich in Nordamerika und Asien zu finden sind. Schon in den 1930er Jahren sollte im Grüngürtel zwischen Bahnschienen und „Dürener Straße" ein „Reichsarboretum" angelegt werden. Doch der Zweite Weltkrieg verhinderte die Verwirklichung der Pläne – gepflanzt wurde später nur eine „normale" Gehölzsammlung, die in den vergangenen Jahrzehnten allerdings nicht gepflegt wurde. Mit Geld der „Kölner Grün Stiftung" und der RWE Power AG wurde der Wald 2007 systematisch durchforstet und mit Infotäfelchen bestückt, die jetzt über die Exoten am Bahndamm informieren.

Wer will, kann hier die Wanderung beenden, denn an der nahe gelegenen Haltestelle „Stüttgenhof" neben dem gleichnamigen Hof – die heutigen Gebäude der geschlossenen Anlage stammen aus dem Jahr 1868, erwähnt wurde der Hof erstmalig 1271 – hält die KVB-Linie 7, die in 19 Minuten den Neumarkt erreicht.

Traditionsgaststätte „Haus am See" am Decksteiner Weiher

Enten fühlen sich wohl am Adenauer Weiher

Wir lassen das imaginäre Dorf hinter uns, überqueren die „Dürener Straße" und gelangen zum Adenauer Weiher. Sofort fällt auf dem gegenüberliegenden Ufer ein flaches, mit Fachwerkelementen verziertes Gebäude auf. Es ist der ehemalige „Club Astoria", ein Clubrestaurant mit Hotelzimmern (!), das 1948 von den belgischen Streitkräften erbaut wurde, die es bis 2003 als Restauration für gehobene militärische Ränge nutzten. Für die Öffentlichkeit war das Haus all die Jahre nicht zugänglich. Nach dem Umbau wurde im September 2007 das unter Denkmalschutz stehende Gebäude unter demselben Namen als Restaurant mit großem Biergarten wiedereröffnet. Jetzt steht es allen Kölnern offen.
Was aber mehr verwirrt als das „Knusperhäuschen" am Waldesrand, sind die Türme mit den geschwungenen Stahlseilen, die sich hinter den Baumwipfeln erheben. Sie erinnern auf den ersten Blick an eine Rheinbrücke und nicht an das 2004 fertiggestellte RheinEnergieStadion, vormals Müngersdorfer Stadion. Irgendwie hat sich der neue Name noch nicht wirklich durchgesetzt, zu stark wirkt noch das Erbe Konrad Adenauers nach. Der hatte den Bau des allerersten Müngersdorfer Stadions – den Vor-Vorgängerbau der jetzigen Arena – mit den Worten, Sport sei „praktischer Arzt am Krankenbette des

deutsche Volkes" vorangetrieben. Adenauer eröffnete schließlich am 16. September 1923 nicht nur das größte deutsche Stadion mit 60.000 Plätzen. Der gesamte Komplex (55 Hektar groß), der heute „Sportpark Müngersdorf" heißt, war sogar die größte Anlage ihrer Art in Europa.
Gebaut wurde die Hauptkampfbahn nach den Plänen von Adolf Abel, das gesamte Projekt entwarf Theo Nussbaum, Leiter der Entwurfsabteilung der städtischen Gartenbaudirektion, gekostet hat es 47,4 Millionen Reichsmark. Zahlreiche Sportveranstaltungen fanden in den 20er und 30er Jahren des letzten Jahrhunderts statt, und zeitweilig erwog Adenauer, Köln ins Rennen um die Bewerbung für die Olympischen Spiele 1936 zu schicken. Daraus wurde bekanntlich nichts, dafür erinnert eine Stele an das 14. Deutsche Turnerfest im Jahr 1928, 150 Jahre nach der Geburt von „Turnvater" Friedrich Ludwig Jahn. Er starb 1852. Das Denkmal sehen wir auf unserem weiteren Weg oberhalb der Jahnwiesen.
Doch zurück zum Stadion: Im November 1975 wurde nach 22 Monaten Bauzeit das neue Müngersdorfer Stadion eingeweiht, das 61.000 Zuschauern stets trockene Plätze bot, denn es war Deutschlands erstes Stadion mit komplett überdachter Tribüne. Kostenpunkt: 44,5 Millionen D-Mark. Nicht einmal 30 Jahre hielt die Wettkampfarena den internationalen Ansprüchen stand. Von 2001 bis 2004 wurde sie, bei laufendem Betrieb, zum RheinEnergie-Stadion umgebaut, das jetzt etwas mehr als 50.000 Plätze zählt. Gekostet hat die Umwandlung in ein reines Fußballstadion 119,5 Millionen Euro.
Eigentlich begegnen uns zu allen Jahreszeiten rund um das Stadion Sport begeisterte Menschen: Seien es die Musikfans von Herbert Grönemeyer, Robbie Williams oder den Rolling Stones, die

Viel Sport im Sportpark Müngersdorf

Zugang zum RheinEnergieStadion

bei großen Open Air-Konzerten jubeln und mittanzen, oder Abkühlungsuchende, die ins sanierte, denkmalgeschützte Stadionbad strömen, seien es am Wochenende die vielen Hobbykicker, die sich auf den Wiesen ihre nicht ganz ernst gemeinten Duelle liefern oder unter der Woche die angehenden Trainer und Sportlehrer, die die natürlichen und künstlichen Geländeformen für ihre Übungen nutzen.
Sie studieren an der benachbarten Sporthochschule, die bundesweit die einzige und weltweit die größte Sportuniversität ist. Die Zahlen sind beachtlich: 6.000 Studierende an 20 Instituten, die von 31 Professorinnen und Professoren betreut werden. Gegründet wurde die „Spoho" 1920 in Berlin als „Deutsche Hochschule für Leibesübungen", aus der dann 1947 in Köln die Sporthochschule hervorging. Bis zum Bezug des Neubaus im Jahr 1960 war sie im „Marathontor" untergebracht, dem 1928 erbauten, denkmalgeschützten Teils des Stadions. Wir streifen die Arena nur an der westlichen Seite, wandern entlang der mächtigen Beton- und Stahlkonstruktionen und spüren förmlich noch den Schweiß der zahlreichen Sportler in der Luft – obwohl der KÖLNPFAD leider nicht direkt durch die beiden Flügel des alten „Marathontors" hindurch führen darf. Aber wir schauen einfach zurück vom breiten, gepflasterten Zufahrtsweg mit den schlanken Leuchtstelen und fühlen – wie wir unter dem Jubel der Zehntausend in die Arena einlaufen, wir reißen die Arme hoch, drehen eine Ehrenrunde – aus, vor-

bei, das geht alles nicht mehr. Seit dem letzten Umbau gibt es keine Laufbahn mehr und kein Oval. Fußballer lieben es eckig. Wir wandern besonnen weiter durch das Eingangstor mit der schlichten Aufschrift „Stadion" zur gleichnamigen KVB-Haltestelle. Wer will, kann hier die Etappe nach zwei Drittel der Strecke beenden.

Der KÖLNPFAD führt weiter über die „Aachener Straße" ein kurzes Stück stadtauswärts. Unser Blick fällt vorher noch auf den Bildstock des heiligen Wendelin, der, ein wenig verloren und vom Verkehrslärm umtost, am Straßenrand steht. Mitglieder der Müngersdorfer Pfarrei St. Vitalis errichteten 1990 das Häuschen an der Stelle, an der vom 15. bis zum Anfang des 19. Jahrhunderts die Wendelinkapelle stand. Sie galt Bauern aus Müngersdorf und Umgebung als wichtige Pilgerstätte.

Wir biegen in den Wald jenseits der viel befahrenen „Aachener Straße" ein und wandern am Clubgelände der „Cologne Cardinals" vorbei, dem 1983 gegründeten Verein für Base- und Softball, der immerhin in der Bundesliga spielt – auch so etwas gibt es in Köln.

Entspannend ist der Weg am Rand von Müngersdorf: Pferde grasen friedlich auf einer Koppel, daneben befindet sich ein schöner Spielplatz, ein großer Sportplatz liegt hinter einer kleinen Anhöhe. Doch in die heitere Stimmung mischt sich ein grausiges Kapitel der Stadtgeschichte. Nur noch aufgrund der

Gedenkstein an das Judenlager Müngersdorf

Domblick von „Haus Belvedere"

Geländeformation ist das ehemalige preußische Fort V zu erkennen, dessen steinerne Reste 1962 endgültig beseitigt wurden – und mit ihnen fast die Erinnerung an wenig ruhmreiche Kölner Zeiten. Denn während des Zweiten Weltkrieges befand sich in der Nähe des Forts das Judenlager Müngersdorf. In Baracken lebten die aus ihren Häusern und Wohnungen vertriebenen Juden bis zu ihrem Abtransport in die Vernichtungslager. Erst seit 1981 erinnert ein Findling mit einer Gedenktafel daran, was Menschen Menschen antun können.

Der weitere Verlauf des Weges zeigt, wie nah deutsche Grausamkeiten und Tugenden beieinander liegen können. Die Strecke führt am „Lehr- und Versuchsgarten des Kreisverbandes Köln der Kleingärtnervereine" vorbei, den es seit 1951 an dieser Stelle gibt und der die Kleingärtner „in praktischen Dingen schult und unterrichtet". Schließlich gibt es allein 13.000 Schrebergärten in Köln, deutschlandweit sind es mehr als eine Million.

Am Ende der Gartenanlage und des Wäldchens – das insbesondere im Frühjahr mit den hohen Birken und den blühenden Jasminsträuchern entzückt – treten wir wieder ans Licht. Und siehe da, wenn wir uns auf der Eisenbahnbrücke ganz links auf die Zehenspitzen stellen und durch Bäume und Sträucher spähen, dann entdecken wir sie – die Türme des Kölner Doms. Ziemlich klein, denn immerhin ist die große Kirche sechs Kilometer entfernt. Als das hinter uns liegende „Haus Belvedere" („Schöne Aussicht") 1839 gebaut wurde, gab es sicherlich einen unverbauteren Blick auf die noch von Mauern umgebene Stadt und den Dom. Dieser verfügte damals allerdings noch nicht über die beiden Türme. Die Domvollendung wurde erst 1880 gefeiert.

Beliebt war bei Ausflüglern die Landpartie per Stahlross vom Bahnhof am Thürmchenswall (Nähe Dom) über die sieben Kilometer lange Eisenbahnstrecke bis zum Endpunkt am Bahnhof

„Müngersdorf". „Haus Belvedere", das im Stil eines klassizistischen Landhauses erbaute Empfangsgebäude, gehörte wie die gesamte Strecke der Rheinischen Eisenbahngesellschaft. Doch die Freude währte nur kurz, denn mit dem Ausbau der Bahnstrecke über Aachen bis nach Antwerpen interessierte sich niemand mehr für den Bahnhof „Müngersdorf", der noch im 19. Jahrhundert stillgelegt wurde. Von 1972 bis zu seinem Tod im März 2010 lebte dort der Maler und Bildhauer Günter Maas. Das Gebäude ist Teil des Müngersdorfer Kulturpfades, den der Bürgerverein mit neuen Tafeln und einer Broschüre wiederbeleben möchte.
Noch aus einem anderen Grund lohnt ein Aufenthalt in der „Belvederestraße". Denn versteckt im Wald gelegen und umgeben von einem wild wuchernden Garten, findet man eine ganz besondere Schule: die „Freiluga", die 1925 von Konrad Adenauer und Stadtschulrat Fritz Schu ins Leben gerufene „Freiluft- und Gartenarbeitsschule". Nach den Ideen der sich damals entwickelnden Reformpädagogik sollten sich Großstadtkinder in frischer Luft erholen können und gleichzeitig Verständnis für die Natur entwickeln. Hier gibt es immer noch keine engen Schulbänke, sondern Kinder können im Nutzgarten, einem Hühnerhof oder mitten im Komposthaufen lebendigen Unterricht erleben. Heute hält unter anderem ein Förderverein das Kleinod am Leben, das vor mehr als 80 Jahren auf einem ehemaligen Zwischenwerk der preußischen Befestigungsanlage entstand.

Gärten der Freiluga an der Belvederestraße

Ländliches Köln im Landschaftspark Belvedere

Von der „Belvederestraße" führt der KÖLNPFAD in den „Landschaftspark Belvedere". Das Erste, was wir davon sehen, ist eine große Streuobstwiese. Diese ist das Ergebnis des Ausbaus der S-Bahnlinie nach Düren im Jahr 2004. Zum Ausgleich für die Verbreiterung der Gleise verwandelte die Deutsche Bahn die ehemalige Brachfläche in eine Obstwiese, um deren Gedeih sich Bürger aus Müngersdorf als Baumpaten kümmern. Das freut besonders den „Freundes- und Förderkreis zur Vollendung des Äußeren Grüngürtels", der den Park, der noch überwiegend landwirtschaftlich genutzt wird, im Sinne Konrad Adenauers als Wald- und Wiesengürtel umgestalten möchte – bis zum Jahr 2010. Denn das Projekt ist Teil der „Regionale 2010", einem speziellen Strukturprogramm des Landes, das Qualitäten und Eigenheiten der Region Köln/Bonn zeigen will.

Wir durchwandern diese Feldflur – die von der Eisenbahnlinie Köln-Aachen bis Bocklemünd reicht und immerhin 300 Hektar umfasst – auf ganzer Länge, genießen den Weg zwischen Acker und Wald, der in einiger Entfernung an Gut Vogelsang vorbeiführt. Der stadteigene Hof – der dem benachbarten Stadtteil Vogelsang seinen Namen gab – wird noch heute als landwirtschaftlicher Betrieb vom nahe gelegenen Max-Planck-Institut für Züchtungsforschung genutzt. Von hier reicht bei gutem Wetter die Sicht bis zu den Glessener Höhen (204 Meter hoch), der rekultivierten Abraumhalde eines Braunkohletagebaus.

Am Ende des Landschaftsparks stoßen wir auf den „Freimersdorfer Weg“, der links zum WDR, rechts nach Alt-Bocklemünd und geradeaus zum Sportplatz mit Biergarten führt.
Wer die Studios des WDR spontan besichtigen will, hat allerdings keine Chance. Zwar wird dort seit 1985 „Die Lindenstraße“ produziert, aber wer hinter die Kulissen schauen will – auch anderer Unterhaltungssendungen, die dort aufgezeichnet werden –, muss sich über den Besucherservice des Westdeutschen Rundfunks anmelden und benötigt ein paar Wochen Geduld. Für einen spontanen Besuch empfiehlt sich dagegen das Gelände der „Telekom-Post-Sportgemeinschaft“, dem ehemaligen Betriebssportverein der Post. Der Sportpark wurde 1927 rund um das ehemalige preußische Forts IV angelegt und verfügt mit dem Lokal „Altes Poststadion“ nebst Biergarten über einen schönen „Rastplatz“ im Grünen.
Das letzte Stück der Etappe führt uns Richtung Alt-Bocklemünd. Gemächlich trudeln wir die alte „Venloer Straße“ bergab, die jetzt „Andreas-Muhr-Straße“ heißt und an den Schmied aus Bocklemünd erinnert, der nach dem Krieg Mitglied des ersten Landtages war. In einiger Entfernung sehen wir schon die rotweißen Straßenbahnen durch die Bäume schimmern. Sie warten am Endpunkt der zweiten KÖLNPFAD-Etappe auf uns, der Bahn- und Bushaltestelle „Bocklemünd“, die direkt neben dem Westfriedhof liegt.

Ehemaliges preußisches Fort IV in Bocklemünd

**Länge:** 18 Kilometer

**Dauer:** 5 Stunden

**Profil:** Flache, vorwiegend gut befestigte Wege. In Höhe des „Gregor-Mendel-Rings" führt der Weg circa 100 Meter entlang einer stark befahrenen Straße. Geeignet für Kinderwagen.

**Anfahrt:** mit der KVB-Linie 18 bis Haltestelle „Klettenbergpark"

**Karte**: topografische Karte 1 : 25.000, Blatt 5007 (Köln)

## Abkürzungen:

**Kilometer 9:** An der KVB-Haltestelle „Stüttgenhof" fährt die KVB-Linie 7 in 19 Minuten bis zum Neumarkt.
**Kilometer 12:** Am RheinEnergieStadion fährt von der gleichnamigen Haltestelle die KVB-Linie 1 in 16 Minuten zum Neumarkt.

## Einkehrmöglichkeiten:

**Geißbockheim** www.geissbockheim-fckoeln.de
Franz-Kremer-Allee 1–3, 50937 Köln, Tel. 02 21-43 35 36
Öffnungszeiten: täglich ab 11 Uhr

**Haus am See** www.haus-am-see-koeln.de
Bachemer Landstraße 420, 50935 Köln, Tel. 02 21-43 09 26-0
Öffnungszeiten: täglich ab 11.30 Uhr

**Club Astoria** www.club-astoria.eu
Guts-Muths-Weg 3, 50933 Köln, Tel. 02 21-9 87 45 10
Öffnungszeiten: täglich 12–24 Uhr (warme Küche bis 21.30 Uhr)

**Restaurant „12. Mann"** Nordtribüne/Ebene 2 www.12termann.de
Aachener Straße 999, 50933 Köln, Tel. 02 21-16 16-7 80
Öffnungszeiten: täglich 11–18 Uhr, außer an Veranstaltungstagen

**Altes Poststadion** www.altesposttadion.de
Freimersdorfer Weg 4, 50829 Köln, Tel. 02 21-5 00 78 17
Öffnungszeiten: Mo–Fr ab 16 Uhr, Sa nach Vereinbarung, So 10–15 Uhr Brunch

## Allgemeine Informationen:

Zum **Römerkanal-Wanderweg** gibt es das gleichnamige Buch von Klaus Grewe. Herausgeber ist der Eifelverein www.eifelverein.de
Stürtzstraße 2–6, 52349 Düren, Tel. 0 24 21-1 31 21

**Bezirksamt Lindenthal** www.stadt-koeln.de/bezirke/lindenthal
Aachener Straße 220, 50931 Köln, Tel. 02 21-9 31 11

**Kölner Grün Stiftung gGmbH**
www.koelner-gruen.de
Richard-Strauß-Straße 2, 50931 Köln, Tel. 02 21-40 08 43 21

**Müngersdorfer Bürgerverein**
www.buergerverein-koeln-muengersdorf.de
Kirchenhof 4, 50933 Köln, Tel. 0221-49 56 16

**Freiluga**, Belvederestraße 159, 50933 Köln, Tel. 02 21-5 10 96 10
Öffnungszeiten des Geländes: Mo–Fr 7–18 Uhr, Führungen durch das RheinEnergieStadion s. u.

**Stadionbad Müngersdorf** www.koelnbaeder.de
Olympiaweg 20, 50933 Köln, Tel. 02 21-27 91 84-0
Öffnungszeiten: Mo 10–21.30 Uhr, Di/Mi/Fr 6.30–21.30 Uhr, Sa/So/Feiertage 9–21 Uhr
Eintritt: Erwachsene ab 17 Jahren 4,50 Euro, Kinder ab 5 Jahren 3,50 Euro, Kinder bis 4 Jahre 50 Cent

**Freundes- und Förderkreis zur Vollendung des Äußeren Grüngürtels**
www.landschaftsparkbelvedere.de
c/o Angelika Burauen, Vitalisstraße 339, 50933 Köln, Tel. 02 21-49 42 17

**Führungen** durch das RheinEnergieStadion (auch abends) können unter der Telefonnummer 02 21-71 61 61 04 und online unter www.stadion-koeln.de vereinbart werden. Dort befindet sich auch das FC-Museum.

**Führungen** durch die WDR-Studios in Bocklemünd können unter der Telefonnummer 0221-2 20 67 44 gebucht werden oder über die Internetadresse www.wdr.de/unternehmen/service/besucher.

**Führungen** veranstaltet auch die „Arbeitsgemeinschaft Festung Köln“, die die preußischen Forts erhalten will. Informationen gibt es im Internet unter www.ag-festung-koeln.de.

Rastplatz im Grüngürtel

# Etappe 3

## Der nahe Niederrhein

Von Manuel Andrack

Links: Die landschaftlichen Reize am Nüssenberger Busch

# WEGBESCHREIBUNG 3

**Die KVB-Haltestelle „Bocklemünd"** im Rücken überqueren Sie die Gleise und gehen rechts zum „Militärring". Den überqueren sie an der Fußgängerampel, gehen noch circa 100 Meter geradeaus die „Andreas-Muhr-Straße" entlang und biegen dann rechts in die „Grevenbroicher Straße" ein.

**Sie wandern die „Grevenbroicher Straße"** entlang und nehmen im Zentrum von Alt-Bocklemünd die erste Straße rechts (für die Gaststätte „Zum letzten Pferd" müssen Sie noch 50 Meter weiter geradeaus gehen), den „Lerchenweg", der Sie wieder zurück zum „Militärring" führt. Dort benutzen sie den Fußweg linker Hand. An der nächsten Kreuzung („Militärringstraße"/ „Ollenhauerring") überqueren Sie die „Militärringstraße" und gehen geradeaus stadteinwärts in die „Hugo-Eckener-Straße". Nach 50 Metern gehen Sie links in ein kleines Wäldchen hinein.

**Nach 300 Metern** gehen Sie rechts, und wenn Sie an ein freies Feld kommen links. Sie nehmen den Feldweg, der zwischen den beiden Feldern hindurch führt und kommen wieder in den Wald. An der nächsten Gabelung gehen Sie rechts und nach zehn Metern links, parallel zu den Hallen zurück zum „Militärring".

**20 Meter vor dem „Militärring"** gehen Sie nach rechts und überqueren die Straße an der Ampel der „Matthias-Brüggen-Straße". Auf der anderen Straßenseite gehen Sie links Richtung Müngersdorf/Bocklemünd, 100 Meter parallel zum „Militärring". Sie biegen direkt hinter dem Nüssenberger Hof, an einer rot-weißen Schranke, rechts in den Wald ein und wandern den Pflasterweg bis zur Straße „Am Hufenpfädchen". Sie überqueren die Straße in Höhe des Wegekreuzes und biegen im Wald nach zehn Metern rechts ab.

**Sie wandern durch den alten Laubwald** parallel zur Straße, bis Sie eine kleine Kreuzung mit einer alten Buche erreichen. Hier gehen Sie links. An der nächsten großen Kreuzung gehen Sie rechts, bis Sie nach 50 Metern einen kleinen Park erreichen. Hier wandern Sie geradeaus. An der nächsten Gabelung gehen Sie links, entlang der Wiese, parallel zur Autobahn und weiter bis zum Betonpilz. Am Betonpilz gehen Sie rechts bis zur Straße „Buschweg". Hier gehen Sie erneut rechts, die Straße entlang, die zum „Auweiler Weg" wird.

Pittoreskes Ensemble an der Kirche in Esch

**Sie wandern unter der Autobahn** hindurch und gehen geradeaus in den „Pescher Weg" hinein. Nach circa 200 Metern biegen Sie, am Ende des Zaunes, rechts in einen schmalen Weg ein, der Sie zum Pescher See führt. Sie wandern am See entlang und an der ersten Abzweigung dann rechts. Dieser Fußweg führt Sie automatisch auf die befahrene „Pescher Straße".

**Die „Pescher Straße"** gehen Sie 100 Meter geradeaus und biegen an der ersten Abzweigung links in den geteerten Feldweg ein, der entlang des Randkanals führt. An der ersten Abzweigung (mit einer kleinen Baumgruppe) gehen Sie rechts, überqueren den Kanal und gehen gleich wieder links weiter oberhalb der Escher Seen. Nach circa 300 Metern biegen Sie zwischen den Häusern auf einen Fußweg, der Sie zur Straße „Am Braunsacker" führt.

**An der Straße „Am Braunsacker"** gehen Sie rechts, nach 50 Metern links und folgen dem Straßenverlauf bis zur Straße „Am Baggerfeld", die Sie überqueren. Dann gehen Sie direkt links in die „Frohnhofstraße" bis kurz vor die Kirche. Hier gehen Sie rechts weiter die „Weilerstraße", auf dem Bürgersteig der linken Seite, und unterqueren die Autobahn.

**300 Meter hinter der Autobahn** gehen Sie den zweiten Fußweg links hinein. Er führt erst über ein Feld, dann durch ein Wäldchen und wieder über ein Feld. Nach 400 Metern biegen Sie an der ersten Abzweigung rechts ab zum Wasserwerk Weiler.

**Am Wasserwerk** wandern Sie links und dann ungefähr zwei Kilometer geradeaus, erst durch den Wald, dann über ein Feld. Sie erreichen den wenig befahrenen „Mörterweg". Hier gehen Sie links bis zur „Berrischstraße", dort biegen Sie nach rechts ab.

**Nach ungefähr 300 Metern** biegen Sie, gegenüber der alten Schule, nach rechts in die „Heinrich-Latz-Straße" ein und gehen durch die Unterführung auf die „Bruchstraße". Hier gehen Sie nach links bis zum S-Bahnhof „Worringen".

# Von Bocklemünd nach Roggendorf/Thenhoven

Der KÖLNPFAD. Ein Mythos. Ich hatte erstmals Anfang 2006 von dem Projekt in der Zeitung gelesen und euphorisch in meinem Buch „Wandern" geschrieben: „Ich habe mich für den Job einer der vielen Wegewarte gemeldet. Dann ist endlich Schluss mit meiner Meckerei über mangelhaft markierte Wanderwege, dann habe ich es selbst in der Hand. Auf einem kleinen, circa 10 Kilometer langen Teilstück werde ich als Wegepate die Aufgabe haben, Markierungen anzubringen. Ich werde jeden Baum, Strauch und jede Häuserecke mit dem Zeichen des KÖLNPFADs, dem schwarzen Dom auf rot-weißem Grund, vollpflastern. Dann muss ich natürlich auch zweimal im Jahr kontrollieren, ob alle Markierungen noch existieren. Herrlich, endlich ein ehrenamtlicher Job im Dienste der heimischen Wanderkultur!"

Soweit die Theorie. Die Realität sieht oft anders aus. So auch im Fall des KÖLNPFADs. Ein Beispiel: Aus den ehemals geplanten schwarz-weiß-roten Markierungen ist nichts geworden, da nach § 16, Abschnitt 21a des Kommunal-, Bezirks- und Regierungswanderbeschilderungsgesetzes die Grundlagen für die Anbringung bunter Wegemarken nicht gegeben waren. Schade. Jetzt ist es ein weißer Kreis auf schwarzem Grund geworden, das offizielle Zeichen für Rundwanderwege. Auch nicht schlecht.

Und ich habe auch nicht einen Abschnitt des KÖLNPFADs markiert, obwohl ich dies großspurig und vollmundig angekündigt hatte. Denn Markieren ist eine Wissenschaft für sich. Schon bei der ersten Einweisung durch die Markierungskoryphäe des Kölner Eifelvereins, sein Name ist Hans, schlackerten mir die Ohren. Denn so geht das: Mit dem Baumschaber vorsichtig die Rinde an Bäumen lösen, dann die schwarze Farbe aufbringen, in einem späteren Arbeitsgang die weiße. Aber Vorsicht! Nur bestimmte Bäume taugen zur Markierung, und manchmal muss man jede Menge Äste wegschneiden. Immer darauf achten, dass es vorher vier Tage nicht geregnet hat, sonst hält die Farbe nicht und Aufkleber auf den Metallpfosten auch nicht. Doch Achtung: An Ampeln darf nicht markiert werden! Ich merkte schnell, dass Markieren von Wanderwegen eigentlich ein eigener Ausbildungsberuf ist und mein Meister in weiter Ferne lag. Und selbst wenn ich die handwerklichen Kniffe beherrscht hätte, hätte ich maximal zwei Kilometer Markierungsstrecke pro Tag geschafft. Eigentlich hatte ich aber nicht vorgehabt, dass mein Engagement für den KÖLNPFAD vom Zeitbudget her gesehen auf den Umfang eines Nebenjobs anwachsen würde.

Beim „Kölner Eifelverein" setzte sich mit der Zeit die Erkenntnis durch, dass man die Markierung des Weges nicht elf unterschiedlichen Amateuren überlassen sollte. Das sollten dann doch eher Profis machen. Ich war sehr erleichtert. Ich war immer noch Wegepate, sah aber meine Aufgabe eher darin, in der Art eines PR-Managers mein Teilstück anzupreisen.

Ich hatte mir den Abschnitt des KÖLNPFADs zwischen Bocklemünd und Roggendorf/Thenhoven ausgesucht. Das hatte zum einen den praktischen Grund, dass sich dieser Teil des KÖLNPFADs in direkter Nähe zu Ehrenfeld befindet, wo ich wohne. Schnelle Kontrollgänge, ob denn auch noch alle Markierungen an der korrekten Stelle platziert sind (dazu sehe ich mich sehr wohl im Stande), waren also problemlos zu erledigen.

Hans, der König der KÖLNPFAD-Markierer

Zum anderen reizte es mich, Wegepate eines Abschnitts im Kölner Nordwesten zu werden. Dieser Teil meiner Heimatstadt ist ausflugstechnisch eindeutig das Stiefkind Kölns. Während im Osten die weiten Waldflächen des Königsforstes locken, der Süden mit den Rheinufern reizt und der Südwesten den äußeren Grüngürtel und den Stadtwald zu bieten hat, ist der Nordwesten, nun ja, hässlich. Doch das stimmt nicht wirklich, wie die nächsten Seiten dem Leser zeigen werden.

Da möchte man nicht wissen, wie es vorher geschmeckt hat

Ich beschloss, den KÖLNPFAD-Abschnitt zwischen Bocklemünd und Roggendorf/ Thenhoven einem Praxistest zu unterziehen. Es ging an der Straßenbahnhaltestelle „Bocklemünd" los. Nachdem ich das Kreuzungsungetüm „Venloer Straße"/„Militärring" überstanden hatte, führte der KÖLNPFAD durch den alten Ortskern von Bocklemünd an der alten „Venloer Straße" entlang. Große, nicht mehr genutzte Gutshöfe säumten den Weg. Hier wird keine Landwirtschaft mehr betrieben. Und kein Pferd mehr gesattelt. Daher markierte auch die Gaststätte „Zum letzten Pferd" den Ort, an dem das letzte Bocklemünder Pferd sein Gnadenheu verzehrt hatte. Man könnte allerdings auch auf die Idee kommen, der Name der Gaststätte rühre daher, dass das letzte Pferd daran glauben musste, um in Form eines rheinischen Sauerbratens dem hungrigen Wanderer vorgesetzt zu werden. Ich hatte mich bei meiner Einkehr im „Zum letzten Pferd" an den runden Tisch direkt am Eingang gesetzt, denn von dort konnte man gut die gesamte Wirtschaft beobachten. Ich wollte mich vor meiner Wanderung natürlich noch angemessen stärken. Die Speisekarte war überaus reichhaltig. Das Rumpsteak „La Pääd" war allerdings zu meiner Enttäuschung aus Rindfleisch. Ich wollte doch ein Stück vom letzten Pferd essen! Ich habe dann den Sauerbraten „Marke Fohlen" mit Klößen und Apfelkompott für 13,80 Euro bestellt. Lecker! Für den Wanderer gibt es aber auch durchaus Kleinigkeiten von der Suppe über das Schnittchen bis zur Curry-Wurst. Dazu ein leckeres Kölsch oder Budweiser vom Fass – perfekt! Die Lebensweisheit über der Theke passte zum gelungenen Start auf meiner KÖLNPFAD-Etappe: „Genieße dein Leben beständig – denn du bist länger tot als lebendig." Und wer gerne ausgiebig am Ballermann feiert, wird auch die Musikbeschallung im „Zum letzten Pferd" genießen.

Der Bauch war voll, und dann ging es richtig los. Durch den „Kurt-Weill-Weg" in Bocklemünd ging es wieder Richtung

„Militärring". Es ist ja erstaunlich, was den Straßennamenbenennern alles einfällt, wenn es keinen Vorrat an historischen Straßennamen mehr gibt. Da kommen eben auch Brecht-Liebhaber und Bildungsbürger zu ihrem Recht. Toll. Zehn Minuten später landete ich, nachdem ich den „Militärring" überquert hatte, in einem kleinen Waldstück im äußersten Westen von Ossendorf. Die Wege waren sehr ordentlich und naturbelassen. Auf einem Feld hatte ich einen überraschenden Ausblick auf das Industriegebiet „Butzweiler Hof" mit dem Dom im Hintergrund.
An den namensgebenden Bauernhof denkt natürlich keiner mehr, wenn man vom Butzweiler Hof spricht. Die Geschichte dieses Kölner Gebietes ist spannend und wechselhaft. Zunächst ließ unser letzter Kaiser mit dem schicken Schnurrbart, Wilhelm II., eine riesige Zeppelinhalle am Butzweiler Hof bauen. Dort landete 1909 der Graf von Zeppelin mit dem damals größten Luftschiff der Welt. 1910 startete am Butzweilerhof das erste Flugzeug, und ab 1912 wurde der Flughafen nur für militärische Zwecke genutzt. So hat der berühmte Rote Baron, der im Ersten Weltkrieg Schrecken und Bewunderung als tollkühner Flieger in seiner Kiste erwarb, seine ersten Flugstunden am Butzweilerhof erhalten. Ab 1926 wurde der Butzweilerhof zum Drehkreuz des Westens und in den nächsten Jahren zum verkehrsreichsten internationalen Flughafen Deutschlands neben Berlin-Tempelhof. Und wie in Tempelhof

Coloneum am Butzweilerhof vor Kölner Skyline

So wunderschön ist es am KÖLNPFAD

gab es zu dieser Zeit keine Start- und Landebahnen, wie wir sie heute kennen. Die Flugfelder waren kreisrund, und dort wurden alle Starts und Landungen abgewickelt. Und das waren nicht wenige, denn alle drei bis fünf Minuten starteten und landeten in den 1920er und 1930er Jahren am Butz, wie er von den Kölnern liebevoll genannt wurde, Flugzeuge. Nach dem Krieg benötigten die größeren Flugzeuge Start- und Landebahnen, der Butzweilerhof wurde zu klein und 1957 der gesamte Flugverkehr nach Porz-Wahn zum dort neu entstandenen Flughafen verlegt. Der Butzweilerhof wurde bis 1995 nur für Klein- und Privatmaschinen genutzt. In der Zwischenzeit traten diverse Popstars, von U2 bis Johannes Paul II. auf dem Gelände auf. Heute steht auf dem Gebiet des Butzweilerhofes ein gigantischer Komplex der Medienwirtschaft. Im Coloneum wird zum Beispiel der Deutsche Fernsehpreis produziert.

Nach diesem Ausflug in die entfernte und nähere Kölner Industriegeschichte überquerte der KÖLNPFAD erneut den „Militärring", und ich tauchte in den Nüssenberger Busch ein. Zunächst geht es auf dem „Alten Militärring" am Nüssenberger Hof vorbei. Der Straßenbelag ist sehr alt, jahrhundertealtes Pflaster. Ein gefährliches Pflaster, wie ich schon einmal mit dem Fahr-

rad feststellen konnte, als ich im Herbst dort auf nassen Blättern entlang gefahren bin und mich kaum auf dem Sattel halten konnte. Im Nüssenberger Busch findet man je nach Jahreszeit großartige Anemonenteppiche und einen fantastischen uralten Baumbestand. Den Unterschied zwischen diesen Bäumen und den dünnen Dingern in dem Waldgebiet am Butzweiler Hof erkannte selbst ein botanischer Legastheniker wie ich.
Am Wegesrand sah ich riesige bemooste Steinhaufen, die aussahen wie die Ruinen eines verwunschenen Tempelbaus. Es waren aber die Überreste eines gesprengten Zwischenwerks des Kölner Befestigungsrings.
Nach der Unterquerung der A1 ging es weiter in Feld und Flur, an der Esch-Pescher Seenplatte vorbei, die einen Vergleich mit der Mecklenburger Seenplatte durchaus nicht zu scheuen braucht. Dabei sind diese ehemaligen Baggerseen wirklich erstaunlich naturbelassen. Immer wieder ergeben sich reizvolle Blicke Richtung Kölner Innenstadt, wobei oft vorwitzig der Fernsehturm Colonius über den Baumwipfeln hervorschaut. Man kann aber auch weit Richtung Westen und Nordwesten schauen. Von den Glessener Höhen bis in die Braunkohleabbaugebiete des Niederrheins. „Der nahe Niederrhein“, so heißt sinnigerweise dieses Teilstück des KÖLNPFADs, für das ich Pate stehe. Wobei der Niederrhein näher ist, als es so man-

Traumhafte Rastmöglichkeit bei Esch

Hier ruht der Soldat an der Kirche von Esch

chem Kölner eigentlich lieb ist. Denn Köln liegt auch am Niederrhein. Doch, doch, wollte ich auch lange nicht wahr haben, ist aber so. Denn der Mittelrhein fängt geografisch korrekt erst südlich von Bonn an. Und in diesen niederrheinschen Weiten konnte man am Pescher See auch die Wolkenmacher von Köln sehen, die riesigen Kohlekraftwerke der RWE. Ohne die Wolken von dort würde über Köln 365 Tage lang die Sonne scheinen. Ganz ehrlich.

Es ging weiter am Escher See entlang, der einer der wenigen Naturbadeseen in Köln ist. Lange wurde das Bad von der KölnBäder GmbH betrieben, seit Sommer 2007 wird der See von einem privaten Betreiber bewirtschaftet, hat einen Beachclub und künstliche Palmen zu bieten und heißt nun „Sundown Beach am Escher See". Je nach Kölner Sommer ist die Sun allerdings meistens sehr down. Dennoch, diese Stelle ist nicht die einzige am KÖLNPFAD, wo der geneigte Wanderer sich im Sommer entblößen und erfrischen kann.

Hinter dem Escher See war ich schließlich in Esch angelangt. Esch ist noch nicht sehr lange ein Kölner Stadtteil. Erst 1975, im Zuge der letzten großen Kölner Eingemeindungen, wurde das Gebiet von Pesch, Esch und Auweiler kölsch. Sogar so kölsch, dass Esch und Pesch in der Kölner FC-Hymne der Höhner gewürdigt werden: „Ihrefeld, Raderthal, Nippes, Poll, Esch, Pesch und Kalk – Överall jit et Fans vom FC Kölle!"

Ich finde es eher bemerkenswert, dass Bocklemünd, der Startpunkt des KÖLNPFAD-Abschnitts, schon seit 1888 zum Kölner Stadtgebiet gehörte. Zu einer Zeit also, als noch nicht daran

zu denken war, dass Kalk, Mülheim, Junkerdorf oder Rodenkirchen einmal zur schönsten Stadt Deutschlands gehören würden, trug man in Bocklemünd schon die Kölner Farben. Esch besteht zum einen aus einer Nachkriegssiedlung, zum anderen aus einem wunderschönen, historischen Ortskern. In dem alten Rheinarm von Esch hatten sich wahrscheinlich schon die Kelten angesiedelt. Die Böden waren gut, und so haben sich die Mönche des Klosters Groß St. Martin am Rhein wohl ziemlich gefreut, als ihnen das Dorf Esch 989 geschenkt wurde. Daher ist auch erklärlich, warum der Ort über eine romanische Kirche mit dem Namen St. Martinus verfügt. Sozusagen die 13. romanische Kirche von Köln. Um zur Kirche zu gelangen, muss man einen kleinen Abstecher vom KÖLNPFAD machen, aber das lohnt sich sehr. Denn nicht nur die Kirche nebst Friedhof sind sehenswert, sondern auch die neben der Kirche gelegene Gastronomie, das Bistro „Miró“ für den nachmittäglichen Kuchensnack und das Restaurant „Goebels“ für den größeren Hunger. Dort gibt es Steaks in allen vorstellbaren Größen und Preisklassen, aber zum Beispiel auch eine köstliche thailändische Curry-Suppe. Ich fühlte mich, als ich dort speiste, direkt wohl, weil der Geißbock über der Theke hing (Överall jit et Fans vom FC Kölle!) und die Skatbrüder neben mir sich zünftig stritten. Das war meine Welt. Im Haus gibt es auch ein Hotel, sodass man direkt am KÖLNPFAD übernachten kann.
Hinter Esch führte der KÖLNPFAD an der Straße nach Weiler entlang unter der A 57 hindurch. Chorweiler war am Horizont

Am Horizont – Chorweiler

Das Wasserwerk Weiler sorgt dafür, dat dat Wasser vun Kölle jot ess

zu erkennen, während ein schöner, grasbewachsener Pfad von der Straße weg Richtung Wasserwerk Weiler führte. Das Wasserwerk gilt als das versteckteste Baudenkmal auf Kölner Boden. Der Backsteinbau wurde nämlich schon 1925 von dem Architekten Clemens Klotz errichtet und ist ein Meilenstein für die moderne Industriearchitektur. An diesem Wasserwerk wird die gesamte Technik der Wasseraufbereitung für Köln erklärt, und man erfährt, warum das Wasser vun Kölle so jut ess. Ehrlich gesagt, interessierte es mich nicht sooo brennend, dass ich diese ganzen Details an dieser Stelle wiedergeben könnte. Hinter dem Wasserwerk Weiler ging ich Richtung Norden, erst durch den Wald und später auf freiem Feld entlang der Bahnstrecke Köln-Krefeld. Schon seit über 150 Jahren, als die Cöln-Crefelder Eisenbahngesellschaft die Strecke eröffnet hatte, fahren dort Züge vom Niederrhein zum Niederrhein.
Schließlich erreichte ich Roggendorf/Thenhoven, wo am S-Bahnhof „Worringen" die Etappe ihr Ende fand. 16 Kilometer Wegstrecke lagen hinter mir mit teilweise sehr überraschenden Ein- und Ausblicken. Ich war als KÖLNPFAD-Pate stolz auf mein Patenkind und werde nicht nur an seinem Geburtstag an es denken. Viele Verwandte, Bekannte und Freunde werden in den nächsten Jahren mit mir auf meinen Markierungskontrollgängen den Kölner Nordwesten zwischen Bocklemünd und Roggendorf/Thenhoven kennen- und lieben lernen.

**Länge:** 16 Kilometer

**Dauer:** zwischen 3 Stunden (schnell) und 5 Stunden (gemütlich)

**Profil:** flach

**Anfahrt:** mit den KVB-Linien 3 und 4 bis Haltestelle „Bocklemünd"

**Karte:** topografische Karte 1 : 25.000, Blatt 5007 (Köln), 4907 (Leverkusen)

**Abkürzung:**
**Kilometer 10:** In Esch fahren die Buslinien 125 und 126. Es müssen allerdings jeweils sehr lange Fahrzeiten zu den nächsten Straßenbahnhaltestellen eingeplant werden.

**Einkehrmöglichkeiten:**
**Zum letzten Pferd**
Grevenbroicher Straße 62, 50829 Köln, Tel. 02 21-50 40 30
Öffnungszeiten: Mi–Mo 17–23 Uhr, Di Ruhetag

**Sundown Beach am Escher See** www.sundownbeach.de
Am Baggerfeld 4, 50767 Köln,
Öffnungszeiten: bei gutem Wetter täglich ab 10 Uhr

**Restaurant Goebels** www.hotel-goebels.de
Kirchgasse 1, 50765 Köln, Tel. 02 21-5 90 17 36
Öffnungszeiten: Fr–Mi 11–14 Uhr, 17–1 Uhr, im Sommer auch mit Biergarten, Do Ruhetag

**Miró Café-Bistro-Restaurant** www.bistro-miro.de
Frohnhofstraße 33, 50765 Köln, Tel. 02 21-9 59 10 24
Öffnungszeiten: Di–So 10–24 Uhr, Mo Ruhetag

**Allgemeine Informationen:**
**Sundown Beach am Escher See** www.sundownbeach.de
Am Baggerfeld 4, 50767 Köln
Öffnungszeiten: bei gutem Wetter täglich ab 10 Uhr
Eintritt: Erwachsene 3,60 Euro, Kinder bis 13 Jahren 2,70 Euro, Kleinkinder bis zwei Jahre 50 Cent, Behinderte 2,50 Euro

**St. Martinus Kirche**
Martinusstraße 22, 50765 Köln
Öffnungszeiten: tagsüber

**Die RheinEnergie bietet Führungen** durch das Wasserwerk Weiler nur nach Absprache und für mindestens 15 Personen. Anmeldung ist möglich bei Frank Straube unter der Telefonnummer 02 21-1 78-46 60.

# Etappe 4

## Vom Altwasser

### zum alteingesessenen Kasselberger Gretchen

Links: Blick auf den „Mäuseturm“ der ehemaligen Hefefabrik in Monheim
Links oben: Weinbergschnecke im Worringer Bruch

# WEGBESCHREIBUNG 4

**In der S-Bahnhaltestelle „Worringen"** gehen Sie durch die Unterführung Richtung Worringen und gelangen auf die „Bruchstraße". Dort gehen Sie nach rechts, 400 Meter die „Bruchstraße" entlang und biegen links in den „Senfweg" ein. Sie durchqueren das Worringer Bruch, biegen am Ende des Weges rechts ab und gehen zwischen Feldern und Waldrand den „Bruchweg" entlang.

**Am Ende des Bruchs** biegen Sie links ab, nach knapp 100 Metern führt der Weg rechts um die Kurve und dann geradeaus bis zur „Neusser Landstraße". Sie überqueren die „Neusser Landstraße", gehen rechts und biegen in Höhe der Bushaltestelle „Alte Römerstraße" links in die Allee ein.

**Nach wenigen Metern**, an der Gabelung „Alte Neusser Landstraße"/„Alte Römerstraße" gehen Sie nach rechts in die „Alte Römerstraße" und auf der linken Straßenseite circa 150 Meter. Dann biegen Sie in den ersten Weg nach links ein und gehen geradeaus bis zum Deich. Jetzt gehen Sie rechts zwei Kilometer auf dem Deich bis zur Autofähre in Langel.

**Auf dem Deich** wandern Sie von Langel weitere zwei Kilometer bis nach Rheinkassel zur Kirche St. Amandus. Sie gehen weiter auf dem neu gebauten Deich bis zum Hof der Familie Fuchs. Hier gehen Sie ein Stückchen um die Deichmauer herum am Hof vorbei und ein wenig abwärts und halbrechts ins Sträßchen „Kasselberger Weg", das nach Kasselberg führt. Von Kasselberg verläuft die schmale Teerstraße „Feldkasseler Weg" weiter Richtung Merkenich, die Autobahnbrücke haben Sie dabei immer vor Augen.

Dorfkirche St. Amandus in Rheinkassel

**Kasselberg im Rücken** biegen Sie nach knapp einem Kilometer rechts in die erste Straße ein, die „Schlettstadter Straße". Sie gehen geradeaus, überqueren die „Alte Römerstraße", gehen noch 200 Meter leicht bergan und biegen in die erste Straße rechts ein, den Zubringer zur Endhaltestelle „Merkenich" der Straßenbahnlinie 12.

# Von Roggendorf/Thenhoven nach Merkenich

Es stinkt, es stinkt erbärmlich in der Unterführung der S-Bahnhaltestelle „Worringen", die eindeutig nicht nur zum Durchgehen benutzt wird. Und auch der Anblick ist nichts für Wanderer mit besonderem ästhetischen Empfinden. Die einstmals weißen Wandfliesen sind mit Farbschmierereien übersät, der Aufzug ist demoliert, Brandspuren zeugen von sinnloser Zerstörungswut. Der Bahnhof „Worringen" ist einer dieser heruntergekommenen „Haltepunkte" der Deutschen Bahn AG, dem eindeutig ein Servicemitarbeiter fehlt, kein Ort für einen freiwilligen Aufenthalt. Diese Art von Hinterhöfen der Großstädte gibt es überall entlang der Bahnstrecken. Köln bildet da keine Ausnahme, und auch dahin führt uns der KÖLNPFAD. Doch Schwamm drüber, wir passieren die Unterführung mit zugekniffener Nase und starrem Blick nach vorn und gelangen schnell wieder ans Tageslicht und in die Zivilisation auf der „Bruchstraße". Und für so manche Perle – ob Natur- oder Kulturkleinod – gilt in Köln: Schönheit liegt gleich neben Schäbigkeit. Von der unwirtlichen Bahnstation brauchen wir nur wenige Schritte bis zum schönsten Naturschutzgebiet innerhalb der Stadtgrenzen, dem Worringer Bruch. Dafür nehmen wir diese Anreise gerne in Kauf.

Der Intze-Turm ist heute Wohnhaus

Weltabgewandte Idylle im Worringer Bruch

Doch vorab fesselt ein ungewöhnliches Bauwerk den Blick, ein dreistöckiger Backsteinturm, umgeben von viel Grün und eindeutig als Wohnhaus zu identifizieren. Nein, es ist nicht der Rest einer Windmühle, die hier an der Geländekante zum Worringer Bruch steht, sondern der Sockel eines Wasserturms. Der gehörte zu einem Wasserwerk, das allerdings nie fertiggebaut wurde. Der Intze-Turm – benannt nach seinem Erfinder, dem Ingenieur Otto Intze – blieb ab 1908 mehr als 20 Jahre lang ein fünfstöckiger Torso.

Zur Vorgeschichte: Im „Doppeldorf" Roggendorf/Thenhoven, wo wir uns gerade befinden, gab es vor 100 Jahren – wie in so vielen Dörfern und Kleinstädten auf dem Land – noch keine zentrale Wasserversorgung. Zwar machte 1904 der Koblenzer Regierungsrat a. D. Wilhelm Gaul der Bürgermeisterei Worringen – zu der die beiden Orte damals gehörten – das Angebot, ein Wasserwerk mit Tiefbrunnen, Turm und Maschinenhaus an der Bruchstraße 19 zu bauen. Doch das Projekt wurde nie vollendet. Das Gebäudeensemble ging 1925 in Privatbesitz über, der Turm wurde bis 1929 sogar wieder auf drei Stockwerke zurück gebaut und das „Wasserwerk" wird seitdem als Wohnhaus genutzt, das unter Denkmalschutz steht.

Am Wasser bleiben wir, wenn wir wenige Meter weiter von der „Bruchstraße" in den „Senfweg" einbiegen und plötzlich in einer anderen Welt stehen. Rechts und links des Wegesrandes breitet sich hinter Brennnesselgestrüpp eine Wasserfläche aus, aus der die Gerippe toter Bäume herausragen. Die Ufer sind mit dichtem Röhricht bewachsen, und auf der gespenstig unbeweglichen Wasseroberfläche lagern vereinzelt kleine grüne Inseln. Zwei Schwäne haben sich ganz von dieser Welt zurückgezogen, schwimmen weitab vom öffentlichen Weg am Rand der Wasserfläche, die von undurchdringlichen Pappelwäldern abgeschirmt wird. Das Worringer Bruch wirkt wie ein verwunschener Wald, der sich gekonnt der aufdringlichen Annäherung des Menschen widersetzt und damit für Flora und Fauna paradiesische Voraussetzungen geschaffen hat. Eine Ahnung davon gibt die gelbe Schwertlilie, die verlockend am Wegesrand ihre Blütenpracht entfaltet. Weiter drinnen, in den Röhrichtstreifen, finden sich Rohr-Glanzgras und Sumpf-Segge. Spezialisten unter den Botanikern, wie der Garten- und Landschaftsarchitekt Burkhard Fielitz, der regelmäßig Führungen durch das Naturschutzgebiet veranstaltet, freuen sich über den Gemeinen Wasserschlauch, der nur unter der Wasseroberfläche wächst. Pirol, Nachtigall, Habicht, Sperber und Bussard wohnen hier, und als wir am Rand des hufeisenförmigen Bruchs entlang gehen, ruft uns ein Kuckuck freundlich zu.

Natürlich ist Vater Rhein an dieser Schönheit Schuld, ein Altwasserarm, der sich vor 8.000 Jahren aus einem großen Mäanderbogen bildete, ist die Voraussetzung für das kleine Paradies. Das steht erst seit 1986 unter Naturschutz, denn eigentlich sollte der Pappelwald Ende der 70er Jahre des vorigen Jahrhunderts in ein Erholungsgebiet für den neuen Stadtteil Chorweiler umgewandelt werden. Doch die Natur durchkreuzte die Aufforstungspläne, denn im Spätherbst 1980 stieg plötzlich wieder das Wasser in dem seit Jahrzehnten trockenen Bruch. Grundwasserschwan-

Sumpf-Schwertlilie blüht üppig im Bruch

kungen brachten die Überschwemmung – und die Stadtverwaltung zu der Überzeugung, dass Erhalt und Wiederherstellung des Lebensraumes „Auen- und Bruchwald" für bedrohte Pflanzen- und Tierarten Vorrang haben muss vor der Naherholung des Menschen.
Der KÖLNPFAD führt auf dem kurzen Hauptweg mitten durch das Worringer Bruch und dann rechts entlang des Hufeisens zwischen Wald und Feld zum Rhein. Wer mag, kann den Zauberwald auch noch auf zwei weiteren Wegen genießen.
Auf der Strecke zum Rhein mit seinen tutenden Schiffen, den beschaulichen Ufern hüben wie drüben und dem weit gespannten Himmel lohnt es sich, in der Nähe der „Römerstraße" noch einmal 720 Jahre zurück in die Kölner Stadtgeschichte abzutauchen – obwohl die historisch exakte Örtlichkeit südwestlich des Worringer Bruchs liegt, an der Straße „Am Blutberg".
Im Frühsommer 1288 kam es nämlich zwischen Worringen und Fühlingen zur größten Ritterschlacht, die je auf rheinischem Boden stattgefunden hat – und Köln den Weg zur freien Reichsstadt ebnete.

Felder reichen bis an das Worringer Bruch

Mohnblumenpracht am Feldrand

Die Vorgeschichte dauerte fünf Jahre und ist hochkompliziert, da sie von Machtansprüchen zwischen Kirche, Adel und Bürgerschaft bestimmt wurde. Es geht zum Schluss um die Stellung des Kölner Erzbischofs Siegfried von Westerburg (1275 bis 1297) im Rheinland und den Erbfolgekrieg um die Grafschaft Limburg zwischen den Grafen von Geldern und den bergischen Grafen. Denen waren weite Teile des Bergischen Landes im Sinne des Vogteirechtes unterstellt, die geistige Herrschaft übte allerdings der Kölner Erzbischofs aus. Das wurmte Graf Adolf V. von Berg, der deshalb ein erbitterter Feind Siegfried von Westerburgs war. Hinzu kam die Freiheitsliebe der Kölner Bürger, die nicht länger unter der Knute des Erzbischofs stehen wollten. Schließlich trat Graf Adolf von Berg seine Erbansprüche an Herzog Johann von Brabant ab, der sein Herrschaftsgebiet bis an den Rhein ausdehnen wollte. Das wiederum wurmte Erzbischof Siegfried, der sich daraufhin mit den Grafen von Geldern verbündete, und es kam zum alles entscheidenden Kampf.
Am Morgen des 5. Juni 1288 standen neben diesen Herrschaften 10.000 Ritter, Bauern und Bürger auf der Fühlinger Heide einander gegenüber. Nach erbitterten Kämpfen war die Schlacht gegen 17 Uhr beendet – ein harter Arbeitstag, an dem mehr als 1.000 Kämpfer ihr Leben verloren hatten. Siegfried von Westerburg unterlag Johann von Brabant, was dem Erzbischof ein Jahr Haft auf Schloss Burg an der Wupper einbrachte und – viel schlimmer – den Verlust der weltlichen Macht innerhalb der Kölner Stadtmauern. Offiziell wurde Köln zwar erst am 19. September 1475 freie Reichsstadt, aber erkämpft hatten sich die Bürger das Privileg in der Schlacht bei Worringen.
Eine Pikanterie darf dabei nicht unerwähnt bleiben: Ein kleines Dorf an der Düssel erhielt bereits am 14. August 1288 von Graf Adolf von Berg als Dank für tapferes Verhalten im Kampf die

Apfelbäume in den Rheinauen bei Kasselberg

Stadtrechte. Heute ist die Stadt an der Düssel Landeshauptstadt von Nordrhein-Westfalen, und vielleicht liegt der ewige Konkurrenzkampf zwischen Köln und Düsseldorf gerade in dieser mittelalterlichen Schlacht begründet. Die selbstverliebten Kölner hatten es versäumt, sich die erkämpfte Stadtfreiheit unverzüglich mit Brief und Siegel bestätigen zu lassen. Die Düssel-Dörfler waren schlauer, hatten schon zwei Monate später die entscheidenden Unterschriften beisammen – und waren damit die großen Gewinner des kölnischen Aufstandes gegen den Erzbischof. Wer nach so viel Schlachtgetümmel lieber die Heimreise antritt, kann die Etappe an dieser Stelle beenden.

Wer allerdings dem KÖLNPFAD weiter folgt, am Rhein entlang, erlebt Entspannung pur – und sieht von der Deichkrone die Domtürme, die über die Wipfel der Bäume lugen. Denn das Naturschutzgebiet „Rheinaue", das sich entlang des Rheinufers von Worringen über Langel bis nach Merkenich erstreckt, lädt dazu ein, am großen Fluss den Alltagsstress zu vergessen und die Gedanken mit Wind, Wellen und Containerschiffen auf die Reise zu schicken. 1991 stellte die Stadt den rund zehn Kilometer langen Uferstreifen unter Naturschutz als „letzten großen

und streckenweise naturnahen Rheinufer-Saumbereich im Ballungsraum Köln", wie es in der Begründung heißt.
Und wirklich bleiben beim Blick über die Wiesen, Felder und Wälder immer wieder die Augen an den Schornsteinen hängen von Chemiewerken wie Bayer, Esso und BP, die allerdings aufgrund der Globalisierung schon längst den Besitzer gewechselt haben. Nur die Firmenzeichen auf den hohen Rauchabzügen zeugen noch von den alten Verhältnissen. Neben dieser massiven Industrieansiedlung im Kölner Norden haben in der Rheinaue inzwischen 28 seltene und geschützte Pflanzenarten – darunter der Sumpf-Storchschnabel und der Wiesen-Salbei – sowie 19 seltene Vogelarten wie Feldlerche und Kiebitz ihre Nische gefunden. Damit Tiere und Pflanzen ihre Ruhe haben, führt der KÖLNPFAD auch nicht direkt am Wasser entlang, sondern schnurgerade über den 2006 erhöhten Deich bis nach Kasselberg.
Die Autofähre in Langel teilt das Gebiet in zwei Teile, und diese Stelle ist ideal für eine Picknick-Pause. Seit Mai 2011 gibt es auf Kölner Seite endlich auch wieder eine Einkehrmöglichkeit, das Lokal „Zur Fähre". Die Rheinüberquerung nach Leverkusen-Hitdorf mit der Autofähre, die das ganze Jahr im Dienst ist und nur bei ärgstem Hochwasser kapitulieren muss, ist also nicht mehr notwendig. Trotzdem sollte das Lokal „Zur Hitdorfer Fähre" auf der anderen Rheinseite erwähnt werden, das über einen geräumigen Biergarten („Das Bierparadies") verfügt und für Kinder einen schönen Spielplatz mit großer Wiese bietet.
Der KÖLNPFAD führt nach diesem Abstecher auf die rechte Rheinseite weiter am linksrheinischen Ufer stromaufwärts entlang der ural-

Warnschild an der Autofähre in Langel

Himmel über dem Rhein

ten Rheindörfer Langel, Rheinkassel und Kasselberg. Die Dörfchen haben sich noch ihren beschaulich-ruhigen Charakter zwischen Pferdekoppeln, Feldern und Weihnachtsbaumplantagen bewahrt.
Rheinkassel in der Mitte des Trios bietet mit der spätromanischen Dorfkirche St. Amandus eine der schönsten niederrheinischen Pfarrkirchen zwischen Bonn und Düsseldorf. Der ursprüngliche Bau des Gotteshauses stammt aus dem 9. oder 10. Jahrhundert, erstmals erwähnt wurde St. Amandus 1156. Zwischen 1220 und 1240 wurde das Kirchlein zu einer dreischiffigen Basilika ausgebaut. Damals gehörte sie schon zum Stift St. Gereon und wurde deshalb auch „Klein St. Gereon" genannt. Der entsprechende Märtyrer steht seit 2004 als moderne Stele auf dem Kirchplatz. Den Außenanstrich erhielt St. Amandus nach einer großen Restaurierung Ende der 1970er Jahre unter der Leitung von Kirchenbaumeister Gottfried Böhm. Die hübsche Farbgebung entspricht der ursprünglichen Bemalung, die bei den Fassadenarbeiten zutage getreten ist. Wer den Anblick der gedrungenen Kirche – der daher rührt, dass im 17. Jahrhundert das Obergeschoss des Turmes abge-

tragen wurde – länger genießen will, hat dazu Gelegenheit auf dem kleinen Kirchplatz. Wieder auf dem Damm, lohnt ein Blick zur gegenüberliegenden Rheinseite. Dort mündet die Wupper in den Rhein.
Die letzten Meter der Etappe führen uns zum kleinen Weiler Kasselberg (37 Einwohner), dessen Insellage legendär ist, wenn bei Hochwasser der Rhein über die Ufer tritt und die Fluten das Fleckchen umschlungen halten. Aber noch eine andere Attraktion hat Kasselberg zu bieten, das „Kasselberger Gretchen", das schönste Ausflugslokal am KÖLNPFAD. Die exakten Ursprünge dieser Gaststätte liegen im Dunkeln, sie war jedoch rund 100 Jahre im Besitz der Familie Bast, bevor Margarete Bast (daher der Name „Gretchen") das Lokal 2005 an ihren Nachbarn Harry Brütt verpachtete. Der toppte noch die legendäre familiäre Atmosphäre mit der Einrichtung des „Café Plüsch". Wer in dem ehemaligen Wintergarten auf einem Sofa Platz nimmt, versinkt in die 1950er Jahre und fühlt sich zurück versetzt in das gutbürgerliche Wohnzimmer der Wirtschaftswunderzeit. Hier darf jeder Wanderer mit gutem Gewissen versacken, denn die Straßenbahnhaltestelle „Merkenich", Endpunkt der Etappe, ist nicht mehr weit.

Harry Brütt hinter seiner Theke im „Kasselberger Gretchen"

Spätromanische Kirche St. Amandus in Rheinkassel

**Länge:** 11 Kilometer

**Dauer:** 3 Stunden

**Profil:** Flach, größtenteils ist der Weg asphaltiert, da weite Strecken über den Rheindeich verlaufen. Geeignet für Kinderwagen.

**Anfahrt:** mit der S-Bahnlinie 11 bis zum Bahnhof „Worringen"

**Karte:** topografische Karte 1 : 25.000, Blatt 4907 (Leverkusen)

**Abkürzungen:**
**Kilometer 2:** Haltestelle „Alte Römerstraße" auf der „Neusser Landstraße". Die Buslinie 120 erreicht in zehn Minuten Chorweiler. Von dort ist die Weiterfahrt mit U- und S-Bahn möglich.
**Kilometer 7:** An der Autofähre in Langel befindet sich die Endhaltestelle der Buslinie 121, die in neun Minuten die KVB-Endhaltestelle „Merkenich" der Straßenbahnlinie 12 erreicht.

**Einkehrmöglichkeiten:**
**Zur Fähre**
Cohnemhofstraße 132, 50769 Köln, Tel. 0 21 73-94 20 76
Öffnungszeiten: täglich ab 10 Uhr

**Zur Hitdorfer Fähre** www.hitdorfer-biergarten.de
Fährstraße 1f, 51371 Leverkusen, Tel. 0 21 21-53 99 82 83
Öffnungszeiten: täglich 10–23 Uhr (warme Küche 12–22 Uhr, So/Feiertage 11–21 Uhr)

**Kasselberger Gretchen** www.kasselberger-gretchen.de
Kasselberger Weg 101, 50769 Köln, Tel. 02 21-7 00 00 13
Öffnungszeiten: Di–Fr ab 11 Uhr, Sa/So ab 10 Uhr (warme Küche bis 21.30 Uhr), Mo Ruhetag

**Allgemeine Informationen:**
**Führungen** durch das Worringer Bruch bietet Burkhard Fielitz, Anmeldungen unter der Telefonnummer 02 21/85 34 90.

Die **Autofähre Langel** verkehrt vom 1. April bis zum 30. September von 6–20 Uhr und vom 1. Oktober bis zum 31. März von 6–19 Uhr. Eine einfache Fahrt für Erwachsene kostet 1 Euro, eine 10er-Karte 8,- Euro.

# Etappe 5

## Von Industrie, einem Hafen
## und Erholung am Wasser

KÖLNPFAD

Links: Container, Kräne und Kohlenberge im Niehler Hafen
Links oben: Wegwarte am Weg

# WEGBESCHREIBUNG 5

**Die KVB-Haltestelle „Merkenich"** im Rücken gehen Sie am Parkplatz vorbei und biegen links ab auf die kurze Zubringerstraße zur „Schlettstadter Straße". Jetzt gehen Sie rechts in die „Schlettstadter Straße", wechseln am besten schon gleich hier die Straßenseite und folgen der Straße leicht bergauf. Sie gehen über die Brücke, die über die Straßenbahnhaltestelle führt, weiter geradeaus am „John Andrews Entwicklungszentrum" der Fordwerke vorbei und an der zweiten Ampelkreuzung links in die „Oranjehofstraße".

**Sie wandern unter der „Industriestraße"** durch und überqueren nach circa 100 Metern an der Fußgängerampel die „Oranjehofstraße". Sie gehen noch zehn Meter links weiter und biegen dann rechts in den kurzen Weg zum Fühlinger See ab. Am Seeufer halten Sie sich links und wandern circa einen Kilometer am Ufer entlang bis zum Freibad.

**Am Zaun vor dem Freibad** gehen Sie den asphaltierten Weg links hoch, nach 100 Metern wieder links (rechts liegt der Parkplatz des Freibades) und wandern jetzt 100 Meter die Straße „Stallagsbergweg" geradeaus bis zur Ampelkreuzung. Hier überqueren Sie die „Neusser Landstraße" und gehen nach links, anschließend geradeaus. Sie passieren die „Oranjehofstraße" und unterqueren die A 1.

**50 Meter nach dieser Unterführung** biegen Sie rechts ab in den Wald. Dann nehmen Sie den zweiten Weg links. Sie folgen dem

Blick von der Mülheimer Brücke zum Dom

Weg, überqueren dabei die Asphaltstraße „Bergheimer Weg“ und gehen am Ende des Weges rechts. Nach 50 Metern kommt eine Gabelung, an der Sie links gehen. Sie kommen an einem Parkplatz vorbei. Dort beginnt ein alter Trimm-Dich-Pfad. Dieser Pfad verläuft links, Sie gehen den Weg rechts bis zu einem Betonpilz. Vor dem Pilz biegen Sie links ab und folgen dem Weg, der in einiger Entfernung parallel zur „Neusser Landstraße“ verläuft. An der Kreuzung mit der „Militärringstraße“ treten Sie wieder aus dem Wald.

Rudertraining auf dem Fühlinger See

**Sie überqueren die „Neusser Landstraße“** und biegen links in die „Bremerhavener Straße“ ein. Jetzt gehen Sie auf dem Rad- und Fußweg der „Bremerhavener Straße“ bis zum Kreisverkehr „Niehler Ei“. Der Bürgersteig auf der linken Straßenseite führt Sie automatisch unter dem Kreisverkehr hindurch. An der ersten Gabelung gehen Sie links (Fahrradweg Richtung Rheinufer), nach 100 Metern und einer zweiten Unterführung biegen Sie rechts ab. Jetzt gehen Sie parallel zu Industriebauten die „Bremerhavener Straße“ weiter bis zum Rheinufer.

**Hier überqueren Sie den „Niehler Damm“** und gehen rechts den Fußweg oberhalb des Rheins bis zur Hausnummer 81. Hier führt ein Weg links hoch über die Brücke, die den Niehler Hafen überspannt. Am Ende der Brücke gehen Sie rechts und wandern 4,3 Kilometer am Rheinufer entlang bis zur Mülheimer Brücke.

**Sie wandern unter der Brücke durch** und erst auf der südlichen Seite die Stufen hinauf zur Fahrbahn, um den Domblick zu genießen. Sie überqueren den Rhein auf der Brücke und gehen weiter geradeaus bis zum „Wiener Platz“.

## Von Merkenich nach Mülheim

Von der Zoobrücke zur Mülheimer Brücke geschaut

Wirklich einladend ist sie nicht, die Gegend rund um die Endhaltestelle der Linie 12, ein wenig außerhalb von Merkenich. Das pausenlose Rauschen des nahe gelegenen Autobahnrings – geschickt versteckt hinter Bäumen und einer Lärmschutzwand – drängt unaufhaltsam ins Ohr, während Amseln tapfer mit ihrem Gesang dagegen ankämpfen. Stromleitungen zerschneiden den Himmel in spitze Stücke. Fabrikhallen sind über die Bäume hinaus gewachsen und machen deutlich, dass der Kölner Norden kein begnadetes Wandergebiet ist, sondern Industrie die Landschaft prägt. Der KÖLNPFAD führt auch an der rauen Wirklichkeit der Stadt entlang. Und dennoch hat die Strecke ihre guten Seiten. Zwischen Werkhallen erstreckt sich das Naherholungsgebiet am Fühlinger See und – nach gut vier Kilometern Rheinufer – werden wir mit dem großen Finale inklusive Domblick auf der Mülheimer Brücke belohnt.

Die Hängebrücke, die ursprünglich von einem Preisgericht und der Mehrheit der Stadtverordneten als kostengünstigere Bogenbrücke gedacht war, wurde am 13. Oktober 1929 von Konrad Adenauer eingeweiht. Schließlich hatte Kölns legendärer Oberbürgermeister (1917 bis 1933) mit seinen politischen Gegnern, den Kommunisten, die sehr viel teurere Hängekonstruktion durchgesetzt.

1929 ist auch das Schicksalsjahr der Industrialisierung des Kölner Nordens. Im Oktober unterzeichneten Vertreter der Stadt und des amerikanischen Autobauers Ford einen Vertrag über den Bau einer Autofabrik in Niehl. Den Grundstein legten ein rundes Jahr später, am 2. Oktober 1930, Oberbürgermeister Konrad Adenauer und Firmengründer Henry Ford I. gemein-

sam. Leider befindet sich der Gedenkstein, der an das historische Ereignis erinnert, auf dem Werksgelände und ist nicht frei zugänglich. Der Besucherdienst der Fordwerke bietet jedoch Führungen an.
Am 2. Juni 1931 lief der erste Personenkraftwagen vom Band, ein Ford A-Modell. Bei der offiziellen Werkseröffnung am Vortag waren genau 619 Mitarbeiter beschäftigt, mittlerweile arbeiten in Niehl mehr als 17.000 Männer und Frauen aus 57 Nationen, die nicht nur Autos für die halbe Welt bauen, sondern auch Motoren und Getriebe für den Export. Das Werk beansprucht eine Fläche von 150 Hektar entlang eines 740 Meter langen Uferabschnitts des Rheins. Das entspricht der Größe von 210 Fußballfeldern.
Doch von dieser riesigen Ausdehnung merken wir nichts, denn der KÖLNPFAD führt nur unmittelbar am „John Andrews Entwicklungszentrum" in Merkenich vorbei. 1968 von Henry Ford II. eingeweiht, tüfteln hier mehr als 2.000 Fachleute an neuen Automodellen.
Nach so viel Arbeit liegt die Erholung gleich um die Ecke beziehungsweise hinter Bäumen an der „Oranjehofstraße". Wir gehen einen kurzen Abhang hinab und erreichen den Fühlinger See. Die Naherholungs- und Freizeitanlage gibt es „hochoffiziell" seit 1978. Damals wurde die 2,3 Kilometer lange Regatta-

John Andrews Entwicklungszentrum der Fordwerke

Die Fordwerke am Rheinufer

bahn mit den nordrhein-westfälischen Rudermeisterschaften eröffnet. 20 Jahre später erlangte sie sogar Weltruhm – 1998 fand hier die Ruderweltmeisterschaft statt.
Die eigentliche Geburtsstunde des Fühlinger Sees fällt in das Jahr 1912. Damals wurde in der gesamten Fühlinger Heide Kies abgebaggert. Die unter dem Gelände hinweg fließenden Rheinarme fluteten das Baggerloch, das die Kölner zum Baden nutzten. 1966 begann die Stadt damit, die wilden Gruben systematisch zu einem 200 Hektar großen Naherholungsgebiet auszubauen, insbesondere für die neu errichteten benachbarten Trabantenstadtteile Chorweiler und Seeberg. Nach zehn Jahren war die Sport- und Erholungsanlage fertig, die aus sieben miteinander verbundenen Seen besteht, die zum Surfen, Tauchen, Angeln oder einfach zum Schwimmen einladen. Allerdings sorgte in den zurückliegenden Jahren der Andrang der Erholungsuchenden insbesondere in den Sommermonaten für große Probleme bei der Wasserqualität – der See drohte umzukippen. Doch biologische Wasserreinigung und nachhaltige Uferbepflanzung zusammen mit einem Konzept der vorsichtigeren Nutzung des gesamten Naherholungsgebietes haben zu einer deutlichen Entspannung für das Gewässer und seine Bewohner geführt.

Auch wenn kein Badewetter herrscht, wird es nicht langweilig am Wasser mit 19 Kilometern Rad- und Wanderwegen drum herum. Es lassen sich auf der Brücke zur Regattastrecke Haubentaucher beim Tauchen beobachten, Blässhühner, die ihre Nester bauen sowie Stockenten-Großfamilien und Schwäne, die majestätisch über das Wasser gleiten. Für ein Päuschen bietet sich am Ufer der Seenplatte beispielsweise „Zillich's Biergarten" an oder das überdachte „Bistro am See" nahe bei der Regattastrecke. Legendär ist zudem das größte europäische Reggaefestival „Summerjam", das seit 1996 jedes Jahr im Juli Musikfans aus dem In- und Ausland ans Wasser lockt.

Wir genießen den See einen Kilometer lang und lassen das Freibad rechts liegen – obwohl das umgebende „Blackfoot Outdoor Camp" viel mehr zu bieten hat als Schwimmen und Tauchen. Seit 2008 hat die Firma Blackfoot, die eigentlich in Deutz ein Outdoor-Fachgeschäft betreibt, das Freibad zum Freizeitpark ausgebaut. Unter fachkundiger Anleitung gibt es das ganze Jahr über vielfältige „Draußen"-Aktivitäten: Kanus und Paddelboote können ausgeliehen werden, und seit Sommer 2011 lockt ein Hochseilgarten junge und jung gebliebene Menschen mit Mut und Selbstvertrauen an. Und ein Biergarten fehlt natürlich auch nicht.

Wer das Panorama oberhalb der Wasserfläche lieber länger auf sich wirken lassen will und es kulinarisch etwas gediegener mag, biegt neben dem Eingang zum Freibad ab zum „See-

Sieben Seen bilden den Fühlinger See

Meeresgott Poseidon ist auch am Fühlinger See zu Hause

pavillon". Das Restaurant verfügt natürlich über eine hübsche Terrasse mit Seeblick.
Der KÖLNPFAD führt jetzt die Straße „Stallagsbergweg" entlang, an der „Villa Olympia" vorbei, dem Haus des Kölner Regatta-Verbandes. Das schnörkellose Gebäude erinnert zwar an alles Mögliche, bloß nicht an eine Villa, und die Gartenskulptur des Meeresgottes Poseidon vor dem Eingang wirkt obendrein recht kurios an dieser Stelle. Das Pferd sei ihm heilig, heißt es in der griechischen Mythologie, und das scheint ein ungewollter Wegweiser für den nahe gelegenen Oranjehof zu sein, dem großen Reitstall des gleichnamigen Reitvereins. 1967 gründeten zehn Pferdeliebhaber den Verein, der mit seinen fast 500 Mitgliedern und zehn eigenen Pferden mittlerweile zu Kölns größtem gemeinnützigen Reitverein angewachsen ist. Seine Turniere locken Pferdefreunde und Hobbyreiter über die Grenzen Kölns hinaus an.
Noch deutlich älter ist allerdings der Namensgeber des Reitstalls. Der Oranjehof wurde im 18. Jahrhundert erbaut, damals hieß er noch Schneppenhof. Erst der Graf de Villenoeff, dem der Bauernhof Anfang des 20. Jahrhunderts gehörte, nannte ihn Oranjehof. Von der ursprünglichen Anlage mit Ställen und Schuppen ist allerdings nur noch das Herrenhaus übrig geblieben, ein lang gestrecktes, zweistöckiges klassizistisches Gebäude, das direkt an der „Neusser Landstraße" liegt. Das denkmalgeschützte Haus steht allerdings seit 2005 leer, letzter Nutzer war das Grünflächenamt, das das äußerlich reizvolle Gebäude unter anderem wegen der schlechten Bausubstanz verließ. Mittlerweile hat die Stadt entschieden, das alte Haus zu verkaufen.

Weiter führt uns der Weg unter dem Autobahnring hindurch und in das Waldgebiet „Bergheimer Höfe“ im Dreieck Autobahn, „Neusser Landstraße“ und „Militärringstraße“. Dunkelheit umfängt uns, denn die vor rund 40 Jahren angepflanzten Laubbäume stehen recht dicht. Langsam wird das Dröhnen der Autobahn schwächer, und wir genießen nach so viel Asphalt die Wege auf dem weichen Waldboden. Der KÖLNPFAD berührt Felder, Wiesen und Koppeln, auf denen Pferde friedlich grasen. Vereinzelt stehen einfache Schuppen im Gelände, gebaut von Tierfreunden, die mitten in der Stadt ihre Nische gefunden haben und sich hier ihren Traum vom Landleben erfüllen.

Aber nicht nur die Bewohner des Stadtteils Longerich mögen die Verbindung durch den Wald zum Fühlinger See, sondern bunte Markierungen an Holzpflöcken benennen Joggern genau abgemessene Strecken. Die „Langlaufgemeinschaft (LLG) 80 Nordpark“ hat hier ihr Stammrevier, und die Läufer können ihre 4,6 bis elf Kilometer langen Runden drehen. Aber noch einen sportlichen Höhepunkt bot der KÖLNPFAD an dieser Stelle, der untrennbar mit den 1970er Jahren verbunden ist, heute allerdings nur noch zum Schmunzeln anregt: einen Trimm-Dich-Pfad, die „Fitnessbahn Köln-Longerich“. Am Startpunkt der Laufstrecken, dem Parkplatz gegenüber der „Geestemünder Straße“, lag neben einem Schlittenhügel die von Brennnesseln und Brombeerranken überwucherte Trimmstrecke. Wer sich zwischen blank gegriffenen Reckstangen und einer vermoosten Sprunggrube durchs Unterholz kämpfte, fand sogar noch kleine Steintafeln mit dem Maskottchen „Trimmy“. Das freundliche Strichmännchen mit dem großen Kopf und dem hoch gereckten Daumen warb für die Kampagne „Trimm Dich fit“ des Deutschen Sportbundes (DSB). Schließlich hatten Ende 1969 die bundesdeutschen Krankenkassen Alarm geschlagen:

Trimmen auf der „Fitnessbahn Köln-Longerich“

Nur alte Gullys, keine Fitnessgeräte

Ein Drittel der Männer und 40 Prozent der Frauen hatten durchschnittlich sieben (!) Pfund Übergewicht. Am 16. März 1970 startete der DSB deshalb seine groß angelegte Werbeaktion, die dem körperlichen Verfall der Gesellschaft entgegen wirken sollte. Mittlerweile sind die Trimmpfade aus der Mode gekommen, die Übungsstationen in Longerich wurden im Herbst 2011 endgültig abgebaut.
Heute unterbricht kein Mensch mehr seinen Waldlauf für ein paar Klimmzüge am Reck oder zum Bockspringen über Holzpfähle. Und dennoch ist die Wirkung der Trimm-Dich-Bewegung nicht zu unterschätzen: Sie legte den Grundstein für den Fitness- und Wellnesstrend unserer Tage, und heute laufen mehr Leute durch den Wald als je zuvor.
Was allerdings definitiv nicht zum Trimm-Dich-Pfad gehört – obwohl sich die bemoosten Betonklötze am Wegesrand durchaus für die ein oder andere halsbrecherische Übung anbieten –, sind die Überreste der Kanalisation der ehemaligen Glanzstoffwerke, die 40 Jahre lang in Niehl beheimatet waren, an der großen Kreuzung von „Militärringstraße“ und „Neusser Landstraße“. Hier treten wir aus dem Wald wieder ans Licht, und hier lässt sich die Etappe abkürzen, denn ganz in der Nähe befindet sich die Bushaltestelle „Bremerhavener Straße“ der Linie 122, die zur KVB-Haltestelle „Wilhelm-Sollmann-Straße“ fährt. Oder man wandert einfach die 500 Meter stadteinwärts.
Wir gehen jedoch links in die „Bremerhavener Straße“ hinein und steuern geradewegs das Rheinufer an. Vorab lohnt sich der Abstecher zum roten Backsteingebäude mit dem prägnanten grünen Uhrenturm, das heute unter anderem das Bistro

„Nobis" beherbergt. Früher gingen hier nur Generaldirektoren ein und aus, denn es handelt sich um das ehemalige Direktionsgebäude der „Glanzstoff-Courtaulds GmbH". Die Kunstseidenfabrik existierte von 1925 bis 1967. Das Werk gehörte in den 1950er Jahren zu den größten Kunstseideproduzenten Deutschlands. Zu diesem Erfolg hat in den Kriegsjahren auch das Leid vieler Zwangsarbeiterinnen und -arbeiter beigetragen.
Gegründet wurde Glanzstoff-Courtaulds 1925 durch einen Vertrag zwischen der „Vereinigte Glanzstoff-Fabriken AG" in (Wuppertál)-Elberfeld und der britischen Courtalds Ltd. 1934 arbeiteten bereits 3.000 Männer und Frauen in Niehl und produzierten Kunstseide und Zellwolle, die insbesondere für die deutsche Rüstungswirtschaft von großer Bedeutung waren.
In den Kriegsjahren ging die Produktion fast unvermindert weiter, denn das Werk bemühte sich intensiv um Zwangsarbeiter. Zuerst wurden jüdische Frauen und Männer aus Köln und Umgebung zur Arbeit verpflichtet, später kamen Ostarbeiter, aber auch Franzosen und Belgier hinzu. Im Krieg wurde die Fabrik nur wenig zerstört, und deshalb konnte die Produktion nach 1945 schnell wieder aufgenommen werden. Heute ist von der ursprünglichen Bebauung kaum noch etwas vorhanden, neben dem Direktionsgebäude nur noch der markante Luftschutzturm, ein wenig abseits der Straße.
Auf dem Weg dorthin kommen wir an der „Kantine" vorbei, stadtbekannt für Disco, Party, Konzerte – manchmal auch im Biergarten. Entstanden ist der Kulturbetrieb in Nippes, in der Kantine (daher der Name) des ehemaligen Eisenbahnausbesserungswerkes. Leider konnte der beliebte Club dort nicht bleiben,

Verwaltungsgebäude der Glanzstoff-Fabriken

Luftschutzbunker oberirdisch: der Winkelturm

weil das Fabrikgelände mit Wohnhäusern bebaut wurde. 2003 fand der Umzug auf das Glanzstoffgelände statt – in das ehemalige Kasino des Werkes. „Die Kantine" konnte nahtlos an ihre alten Erfolge anknüpfen, insbesondere bei der Generation der über Dreißigjährigen.

Mittlerweile sind wir beim „Winkelturm" angekommen, dem 1940 erbauten, 29 Meter hohen Luftschutzturm, den der in Köln geborene Konstrukteur Leo Winkel erdacht hat. Der zigarrenförmige Schutzraum bot maximal 628 Personen Platz und „die Innovation bestand darin, dass bis zu diesem Zeitpunkt Bunker und Schutzbauten nur unterirdisch angelegt waren. Das Kegeldach in Verbindung mit dem zylindrisch gehaltenen Baukörper sollte Bomben abweisend sein" schreibt der Frechener Verein „Cologne Research – Institute for Fortification Architecture", der sich dem militärischen Festungsbau widmet. Seine Mitglieder öffnen einmal im Monat den Bunker und bieten auch Führungen an. Winkels Idee hat offensichtlich funktioniert, der Turm steht noch, und auch im Inneren ist das mit Backsteinen verkleidete Betonrelikt aus Kriegstagen noch sehr gut erhalten.

Das nächste Stück des KÖLNPFADs führt durch ausgeprägtes Industriegelände. Wo früher allerdings produziert wurde, befinden sich mittlerweile Speditionen oder andere Dienstleister, und zur bunten Mischung der neuen Nutzer alter Gebäude gehört beispielsweise die Diskothek mit dem bezeichnenden Namen „Fabrik" oder das „Apostolische Trainingszentrum der Christlichen Gemeinde Köln".

Ein Dienstleister versüßt uns dabei den Weg. Es ist die Bäckerei „Merzenich", die an der „Bremerhavener Straße" in ihrer Backfabrik mit rund 100 Mitarbeitern Brot, Brötchen, Teilchen und Torten für ihre 33 Filialen in und um Köln produziert. Die Geschäfte mit dem sonnengelben Schriftzug, vertreten an stets ausgesucht guten Standorten in den Einkaufsstraßen, gehören mittlerweile zu Köln wie Brauhäuser und Büdchen. Vorne gibt es Brot und Törtchen und weiter hinten im Laden Stehtische oder kleine Sitzecken für die unkomplizierte Tasse Kaffee und den Verzäll mit der Nachbarin oder dem Obdachlosen, der sich vor der Tür das Geld für seinen Kaffee zusammengeschnorrt hat.

Zwar gibt es die Bäckerei „Merzenich" in Köln schon seit 1896. Aber erst der Enkel Fritz des Firmengründers Bernhard Merzenich vergrößerte gezielt das Familienunternehmen und testete 1974 im urkölschen Veedel am Eigelstein die Idee einer „Kaffeebud": Bäckerei mit Stehcafé inklusive Blick nach draußen auf die belebte Einkaufsstraße. Damit hatte Fritz Merzenich ins Schwarze getroffen, denn diese Kombination entspricht dem Kommunikationsbedürfnis der Kölner und sorgt bis heute für anhaltenden geschäftlichen Erfolg. Laut eigenen Angaben begründete Merzenich damit die Bäckerei-Stehcafé-Kultur in Deutschland.

Den Fabrikverkauf – neudeutsch auch factory-outlet – gibt es allerdings nur an der „Bremerhavener Straße" montags bis freitags ab vier Uhr (!) in der Frühe, jedoch lediglich bis zur Mittagszeit. Aber bei 25 Prozent Rabatt schmeckt auch der Bie-

Backfabrik Merzenich mit Werksverkauf

Alt-St. Katharina, das Niehler Dömchen

nenstich kurz vor zwölf noch mal so gut. Wer an dieser Stelle über die Strenge geschlagen hat, kann an der Kreuzung „Emdener Straße"/„Bremerhavener Straße" den KÖLNPFAD abkürzen. Hier, an der Haltestelle „Niehl", verkehrt die KVB-Linie 12, die ins Zentrum fährt.

Gut gestärkt für den Rest des Weges erreichen wir den Rhein und den alten Teil des ursprünglichen Fischerdorfes Niehl. Nach wenigen Schritten auf dem „Niehler Damm" hoch über dem Fluss steht auf der gegenüberliegenden Straßenseite, ein wenig geduckt unter großen Laubbäumen, die Kirche Alt-St. Katharina. Zusammen mit dem Pfarrhaus, einem Kriegerdenkmal, den Resten des Kirchhofes und der angrenzenden Grundschule bildet der Platz eine kleine Idylle am Ortsrand. Geweiht wurde das „Niehler Dömchen" 1260, erstmals erwähnt wird die „Capella" in einer Urkunde aus dem Jahr 1236 des Stiftes St. Kunibert. Und weil der romanische Westturm vermutlich aus dem 12. Jahrhundert stammt, wird sie zu den kleinen romanischen Kirchen Kölns gezählt. Das Dömchen hat im Laufe der Jahrhunderte zahlreiche An- und Umbauten erfahren und stand bis 1740 sogar 350 Meter vom Rhein entfernt. In den Unglücksjahren 1740, 1746 und 1784 mit Hochwasser und Eisgang suchte sich der Rhein ein neues Bett und machte das Gotteshaus zum Strandkirchlein. Zum Schutz vor den Eismassen erhielt der Bau bereits 1747 einen steinernen Eisbrecher, den eine Figur des heiligen Johannes von Nepomuk zierte, der Schutzpatron der Schiffer. Der Heilige in rot-weißer Kirchenbekleidung mit der leider im Sockel verschwundenen Inschrift „Hl. Johannes von Nepomuk! Bitte für uns. Gib uns Schutz und Hilfe in Wassernöten" steht heute noch, wenn auch ein wenig mit Moos überzogen, auf der Kirchenmauer und thront über dem Rhein. Kaum vorstellbar, dass der Fluss einmal seine Füße umspült hat.

Heutzutage fühlt man sich beim Gang über den „Niehler Damm" wie auf einem Balkon über dem mächtigen Strom und genießt von hier oben die Aussicht auf Lastkäne und Sportbötchen. Natürlich gehört auch ein Boot als Spielgerät auf den großen Kinderspielplatz, der sich neben einer Grünanlage auf dem Damm ausbreitet, ziemlich genau gegenüber der Gaststätte „Linkewitz", einer von Niehls ältesten Kneipen. Wir wandern ein paar Hausnummern weiter und ärgern uns über die Entwicklung, die das uralte Fischerdorf – erstmals wird es 927 urkundlich erwähnt – im Laufe der letzten Jahrzehnte genommen hat. Die Fassaden der kleinen, ehemaligen Fischerhäuschen sind mit Eternitplatten verschandelt, und in die Lücken wurden moderne Wohnhäuser gesetzt, die mit ihrer nüchtern-strengen Architektur den krassen Gegensatz zur ursprünglichen Bebauung bilden.

Fußgängerbrücke über den Niehler Hafen

Eine von fünf Containerbrücken im Niehler Hafen

Kein wirklich schöner Anblick, den wir nur bis Hausnummer 81 ertragen müssen. Hier zweigt der Weg ab über den Damm zur Fußgängerbrücke, die seit 1986 den Niehler Hafen überspannt und die Verbindung zur Rheinaue schafft.

Auf der Brücke ist erst einmal Containergucken angesagt: Wie von Zauberhand geleitet, greift der Kran, der an der staksigen Containerbrücke hängt, einen Großbehälter aus der bunten Reihe vom Eisenbahnzug herunter, um ihn irgendwo an Land abzusetzen oder auf einen bereit gestellten Lastwagen zu hieven. Im Jahr 2006 passierte das genau 509.876 mal – so viele Container wurden in Kölns größtem Hafen verladen. Eingeweiht wurde das erste Becken 1925, das vierte und letzte erst 1974. Die ersten Planungen für den „Handelshafen Niehl" reichen bis in das Jahr 1910 zurück, aber erst nach dem Ende des Ersten Weltkrieges und der Schleifung der preußischen Festungen aufgrund des Versailler Vertrages war auch in Niehl der Weg frei für den Hafenausbau, der 1922 begann. Die Betriebsfläche beträgt heute 72.510 Quadratmeter – das entspricht zehn Fußballfeldern –, bestückt mit fünf Containerbrücken. Die Wasserfläche ist dagegen fast sechs Mal so groß, genau 429.600 Quadratmeter.

Markante Landmarke am Rande des Hafengebietes war bis 2008 der große Schornstein des Heizkraftwerkes der Rhein-Energie, das seit 1967 die Innenstadt und den Kölner Westen mit Strom und Fernwärme versorgte. Schon 2005 ging Niehl I aus Altersgründen allerdings vom Netz und wurde durch eine Anlage mit Kraft-Wärme-Koppelung ersetzt. Im neuen Heizkraftwerk Niehl II wird die Energie, die im verfeuerten Erdgas steckt, mittlerweile zu 86 Prozent als Strom und Fernwärme genutzt.

Eindeutig fasziniert bei diesem Stück KÖLNPFAD zwischen Rhein und Hafenbecken weniger die Natur als das ausgedehnte Hafengelände mit seinen hohen Silos, den Kohlehalden und den bunten Containern aus aller Herren Länder. So nebenbei hat sich bei unserem Weg entlang der Straße – die erst „Am Molenkopf" und später dann „Niederländer Ufer" heißt – die breite Rheinaue verändert. Wiese ist Pappeln gewichen – wir befinden uns im Cranachwäldchen. Das Gehölz hat allerdings nichts mit dem Maler Lucas Cranach zu tun, sondern erinnert an Ludwig Otto Lucas von Cranach (1818 bis 1894). Der preußische Kommandeur hat sich als Gouverneur der Festung Köln um die Gestaltung des Rayons, des Festungsrings um die Stadt, gekümmert.

Auch vier Kilometer Pflasterweg – so lang ist die Entfernung zwischen Molenkopf und Mülheimer Brücke – gehen einmal

Container für die ganze Welt stehen parat

Mülheimer Hängebrücke von 1929, wieder aufgebaut 1951

zu Ende, und langsam tauchen über den wieder vereinzelt stehenden Bäumen am Rheinufer die grünen, filigranen Türme der Mülheimer Brücke auf. Einerseits erscheint uns die mächtige Brücke imposant ob der ingenieur-technischen Leistung, andererseits ist der Übergang über den Rhein für uns zu einer bequemen Selbstverständlichkeit geworden. Denn acht Brücken überspannen im Stadtgebiet den breiten Fluss. Um von der einen zur anderen Rheinseite zu gelangen, brauchen wir keine großen Umwege zu machen. Diese Bequemlichkeit ist allerdings noch nicht sehr alt. Erst vor knapp 200 Jahren – genauer gesagt 1822 – existierte von Köln nach Deutz die erste stehende Brücke. 1859 gab es mit der Dombrücke die erste feste Eisenbahn-Rheinbrücke. Vorläufer der Mülheimer Hängebrücke – die 1929 zur weitestgespannten Hängebrücke Europas zählte – ist die Mülheimer Schiffsbrücke, die am 28. Mai 1888 dem Verkehr übergeben wurde. Drei Jahre vorher hatte die Stadt Mülheim die Fahrbahn auf 40 flachen Booten, den Nachen, von der Stadt Mainz gekauft, die damals ihre erste feste Brücke in Betrieb nehmen konnte. Mit Ach und Krach hielt das gebrauchte Modell bis zum 27. Dezember 1926, dann lösten ein Unfall und Eisgang im Rhein die Verankerung, und

Teile der Brücke trieben ab. Schon ein halbes Jahr später fasste der Stadtrat den Beschluss, eine feste Brücke zu bauen. Das hatte sich die Stadt Mülheim im Eingemeindungsvertrag von 1914 schriftlich geben lassen. Zwar befürworteten die Stadtverordneten den Bau einer Bogenbrücke für knapp zehn Millionen Reichsmark. Aber für Oberbürgermeister Konrad Adenauer galt die wesentlich teurere Hängebrücke (nämlich 16,9 Millionen Reichsmark) als persönliches Prestigeobjekt. Selbst sein Enkel schreibt noch, Opa Konrad hätte die Kommunisten mit dem Hinweis überzeugt, dass beim Bau neuer Brücken in Leningrad nur Hängebrücken als die Brücken der Zukunft und des Fortschritts galten. Na ja. Eher trifft wohl das Argument zu, dass die Hängekonstruktion der kriselnden Mülheimer Kabelfabrik Felten & Guilleaume Aufträge bescherte. Auch diese Brücke wurde im Zweiten Weltkrieg zerstört und am 8. September 1951 nach zweijährigem Wiederaufbau eingeweiht – vom damaligen Bundeskanzler Konrad Adenauer. Auf den letzten Metern über die Brücke bis zum Endpunkt der Etappe am „Wiener Platz“ genießen wir das Rheinpanorama mit Dom und Zoobrücke, schauen an einem der 52 Meter hohen Pylonen hoch – und bewundern im Stillen Konrad Adenauer für seinen Eigensinn.

Domblick von der Mülheimer Brücke

**Länge:** 13 Kilometer

**Dauer:** 3 Stunden, 30 Minuten

**Profil:** Flach, gut die Hälfte der Strecke verläuft allerdings auf Asphalt. Geeignet für Kinderwagen.

**Anfahrt:** mit der KVB-Linie 12 bis Endhaltestelle „Merkenich"

**Karte:** topografische Karte 1 : 25.000, Blatt 4907 (Leverkusen), 5007 (Köln)

**Abkürzungen:**
**Kilometer 6:** Haltestelle „Bremerhavener Straße" auf der „Neusser Landstraße". Die Buslinie 122 erreicht in zwei Minuten die KVB-Haltestelle „Wilhelm-Sollmann-Straße".
**Kilometer 7:** An der Kreuzung „Emdener Straße"/„Bremerhavener Straße" befindet sich die KVB-Haltestelle „Niehl" der Straßenbahnlinie 12.

**Einkehrmöglichkeiten:**
**Zillich's Biergarten** (in der Nähe von Parkplatz 2)
Oranjehofstraße 106, 50769 Köln, Tel. 01 73-2 85 99 86
Öffnungszeiten: im Sommer täglich 11–23 Uhr

**Bistro am See** (in der Nähe der Regattastrecke)
Karl-Heinz Zillich, Tel. 0173-2 85 99 86
Öffnungszeiten: im Sommer täglich 9–22 Uhr,
im Winter täglich 9.30–19 Uhr

**Seepavillon** www.kaiserschote.de
Stallagsbergweg 9, 50769 Köln, Tel. 0 22 34-9 98 02-0
Öffnungszeiten: So–Do 11–23 Uhr, Fr/Sa geschlossene Veranstaltungen oder kulinarische Themenabende

**Bistro Café Nobis** www.restaurant-nobis.de
Neusser Landstraße 2, 50735 Köln, Tel. 02 21-20 04 23 40
Öffnungszeiten: Mo–Fr 11–23 Uhr, Sa 16–23 Uhr,
bei schönem Wetter So 13–21 Uhr

**Die Kantine** www.kantine.com
Neusser Landstraße 2, 50735 Köln, Tel. 02 21-167 916 16

**Gaststätte Linkewitz** www.gaffel-im-linkewitz.de
Niehler Damm 171, 50735 Köln, Tel. 02 21-97 75 85 55
Öffnungszeiten: Mi–Fr 17–24 Uhr, Sa 11–1 Uhr, So 11–24 Uhr,
Mo nach Vereinbarung, Di Ruhetag

**Allgemeine Informationen:**

**Führungen** durch die Fordwerke organisiert der Besucherdienst unter der Telefonnummer 02 21-90-1 99 91. Für Gruppen (35–40 Teilnehmer) beträgt die Wartezeit sechs bis acht Monate. Einzelpersonen haben gute Chancen, auch kurzfristig an einer Führung teilnehmen zu können. Sie dauert zwei bis 2,5 Stunden und kostet 7,- Euro.

**Blackfoot Outdoor Camp** www.blackfoot-camp.de

**Summerjam** www.summerjam.de

**„Cologne Research – Institute for Fortification Architecture"**
www.crifa.de Postfach 1208, 50202 Frechen
Mitglieder des Vereins bieten an jedem dritten Samstag im Monat von 14 bis 16 Uhr eine Führung durch den Winkelturm an.

**Bäckerei Merzenich** www.merzenich.net
Bremerhavener Straße 27–29, 50735 Köln Tel. 02 21-7 12 27 01
Öffnungszeiten: Fabrikladen Mo–Fr 4–12 Uhr, Sa 4–10 Uhr, So/Feiertage 6.30–10 Uhr

Das **Niehler Dömchen** ist nur freitags vor der Abendmesse um 18 Uhr geöffnet und mittwochs um 8.15 Uhr zum Schulgottesdienst. Führungen gibt es nicht. Sonderöffnungszeiten für Gruppen sind mit dem Pfarrbüro unter der Telefonnummer 0221-71 31 82 abzustimmen.

Entenfamilie am Fühlinger See

# Etappe 6

## Quer zum Rhein von Mülheim in den Dünnwalder Wald

Links: Naturschutzgebiet „Am Hornpottweg" im Dünnwalder Wald
Links oben: Skulptur im Stammheimer Schlosspark

## WEGBESCHREIBUNG 6

**An der KVB-Haltestelle** „Wiener Platz“ nehmen Sie den Ausgang „Bachstraße“ und gehen parallel zur Mülheimer Brücke (liegt rechter Hand) Richtung Rhein. An der ersten Querstraße, der „Biegerstraße“, gehen Sie rechts bis direkt an die Brücke heran und weiter parallel zum Bauwerk bis zur „Mülheimer Freiheit“. Sie überqueren die Straße, wandern rechts, unter der Brücke durch und biegen links in die „Kirchstraße“ ein, die Sie direkt zur Clemenskirche führt.

**Am Rhein** gehen sie stromabwärts bis zum Bootshaus des „Mülheimer Wassersport e. V“. Hier gehen Sie die Treppe hinauf und weiter den „Rheinuferweg“ stromabwärts circa 2,5 Kilometer bis zum Stammheimer Schlosspark. (Gehen Sie an der Treppe rechts, kommen Sie in die „Krahnenstraße“ und zum Brunnen der Mülheimia.)

**Sie nehmen die erste Treppe**, die zum Stammheimer Schlosspark führt (Domblick und Rastplatz!) und wandern links weiter im Schlosspark parallel zum Rhein, erst auf einem Teerweg, danach weiter geradeaus über die Wiese bis zur Straße „Am Stammheimer Schlosspark“. Hier gehen Sie wieder links, leicht bergab und folgen dem Weg auf dem Deich circa 1,7 Kilometer (auch am Klärwerk entlang) bis zum Sportplatz von Flittard.

**Kurz hinter dem Sportplatz** mit den hohen Pappeln nehmen Sie die erste Treppe und verlassen den Deich. Sie gehen geradeaus und stoßen auf die „Hubertusstraße“ mit der Pegelsäule. Sie gehen die „Hubertusstraße“ 500 Meter geradeaus, überqueren die Kreuzung „Flittarder Hauptstraße“/„Flittarder Deichweg“ und wandern weiter geradeaus durch die „Evergerstraße“ bis zur „Roggendorfstraße“. (Vor den Schienen geht es rechts ab durch die „Edelhofstraße“ zum optischen Telegraf) Die „Roggendorfstraße“ gehen Sie ebenfalls geradeaus bis zur „Düsseldorfer Straße“.

**Sie überqueren die „Düsseldorfer Straße“ (B 8)** und gehen geradeaus in die Straße „Grüner Kuhweg“. Eine Brücke führt Sie über die vierspurige Eisenbahnstrecke Köln-Düsseldorf.

Den Rhein im Blick

Am Ende der Überführung biegen Sie in der Kurve links ab. Sie gehen 100 Meter parallel zu den Eisenbahnschienen, dann knickt der Weg rechts ab.

Hunsmadämcher am Mülheimer Ufer

**Der Weg führt über den Golfplatz** des „Golfclub Leverkusen" bis kurz vor die A 3. Vor der Autobahn an einer kleinen Kreuzung gehen Sie halb rechts, folgen weiter dem Teerweg und unterqueren die A 3. Sie wandern weiter auf dem Teerweg, überqueren auf einer Brücke die zweigleisige Eisenbahnstrecke nach Wuppertal und biegen beim Schäferhund-Vereinsheim nach links ab; danach gehen Sie parallel zu den Eisenbahnschienen.

**Nach 600 Metern überqueren Sie** auf einem Steg den Mutzbach und wandern weiter geradeaus durch den Wald, bis Sie den Baggersee erreichen. Oberhalb des Baggersees gehen Sie rechts, und fast am Ende des Gewässers nehmen Sie den zweiten Weg rechts. Nach 30 Metern tauchen die Markierungen des Leverkusener Rundwanderweges (Lev) auf, der bis zum Ziel in Schlebusch parallel mit dem KÖLNPFAD verläuft. Sie gehen geradeaus, an der zweiten Abzweigung links und links an einem Haus im Wald vorbei.

**Kurz hinter diesem Haus** überqueren Sie den unbeschrankten Bahnübergang über die zweigleisige Strecke nach Opladen. Vorsicht, viel Verkehr! Hinter den Gleisen gehen Sie links weiter entlang der Bahnstrecke, bis der Weg nach rechts abbiegt. Sie wandern jedoch weiter geradeaus, überqueren eine befestigte Straße („Hornpottweg") und erreichen das Naturschutzgebiet „Am Hornpottweg". Der Weiher liegt rechter Hand. Sie wandern oberhalb des Weihers.

**Nach der Schautafel** biegen Sie in den ersten Weg links ein, nach 30 Metern am gelben Pfahl der Gasleitung gehen Sie rechts. Nach 100 Metern erreichen Sie den Parkplatz an der KVB-Haltestelle „Schlebusch".

# Von Mülheim nach Schlebusch

Zugegeben, auch die erste Etappe des KÖLNPFADs auf rechtsrheinischem Boden gehört nicht zu den attraktivsten Strecken des Rundwanderweges. Obwohl doch mehr als fünf Kilometer Rheinufer für Kurzweil sorgen, will sich spontane Begeisterung einfach nicht einstellen. Mülheim besitzt eben nicht das mondäne Flair von Rodenkirchen; Mülheim ist bodenständiger, Mülheim ist Maloche. Das bestätigt sich auch im zweiten Teil der Etappe jenseits des Rheins, auf der wir Eisenbahnschienen, Autobahnen und noch mehr Schienen über- und unterqueren müssen – des Wanderers Maloche.

Vielleicht liegt diese sperrige Sympathie auch darin begründet, dass viele linksrheinische Kölner insbesondere Mülheim immer noch argwöhnisch beäugen, weil es nach wie vor ein unbekanntes Terrain für sie ist, auf der „schäl Sick" liegt, der falschen, der scheelen Rheinseite.

Angst vor der Konkurrenz prägte jedenfalls jahrhundertelang – bis zur Eingemeindung 1914 – das Verhältnis der Stadt Köln zum kleineren Nachbarn am anderen Ufer. Zu einer starken Stadt – als solche durfte sich Mülheim schon 1322 durch den Mülheimer Freiheitsbrief fühlen, vom 14. bis zum 17. Jahrhundert betrieb die Stadt sogar eine eigene Münzpräge – gehörte

Nepomuk hat Brücke und Dom fest im Blick

Die Mülheimia auf dem Stadtbrunnen

eine Stadtmauer, die vor Überfällen schützte und wirtschaftlichen Erfolg sicherte. Den Bau einer solchen Wehranlage wussten die Kölner stets erfolgreich zu verhindern.
Aber Mülheim – das erstmalig 1098 als Mulenheym erwähnt wird und seinen Namen von den zahlreichen Mühlen am Strunderbach erhielt – ließ sich nicht unterkriegen und nutzte seine wenigen Chancen. Schon im Mittelalter beispielsweise hatte die Lage am Rhein dazu geführt, dass das Kölner Stapelrecht umgangen wurde. 1259 verlieh Erzbischof Konrad von Hochstaden Köln dieses Recht, das durchreisende Kaufleute verpflichtete, ihre Waren für eine bestimmte Zeit auszuladen und den Einwohnern ein Vorkaufsrecht einzuräumen. Auf der schäl Sick ging das auch anders: In Porz und Zündorf beispielsweise – die wie Mülheim bis 1813 zum Herzogtum Berg gehörten – wurden die Schiffe entladen, die Waren über den Landweg bis nach Mülheim gebracht und dort wieder weiter verschifft. Mülheims Wirtschaft kam dieser Umweg sehr zugute. Ähnliche Wirkung hatte auch das seit 1609 im Bergischen Land geltende Recht auf freie Religionsausübung. Es führte 1714 dazu, dass neun wohlhabende protestantische Kaufleute, vertrieben von der religiösen Intoleranz der Kölner, nach Mülheim übersiedelten – wieder ein Stachel im Auge des hilligen (katholischen) Köln. Sie legten den Grundstein für den wirtschaftlichen Aufschwung im 18. Jahrhundert. Einige barocke Häuser an der „Mülheimer Freiheit" und das 1758 erbaute Haus Krahnenburg in der Krahnenstraße am KÖLNPFAD gelegen, sind noch Zeugen dieser Blüte. Nicht weit entfernt von Haus Krahnenburg steht der etwas kurios wirkende Stadtbrunnen „Mülheimia". Dessen Name soll zwar an die Stadtgöttin erinnern, klingt aber doch eher nach einer Fischfrau aus dem Hänneschentheater. Im Auftrag des Verschönerungsvereins entwarf der Kölner Bildhauer Wilhelm Albermann (von ihm stammen auch der Jan von Werth-Brunnen auf dem Altermarkt und die Statuen der Kölner Kunstmäzene Wallraf und Richartz) 1884

Das 1758 erbaute Haus Krahnenburg

das Wasserspiel. Sicherlich beobachteten die frommen Kölner diesen „Götzendienst" im industriell aufblühenden Mülheim gewohnt argwöhnisch.
Die „Mülheimer Freiheit" berühren wir, wenn wir vom „Wiener Platz" entlang der Mülheimer Brücke zur Clemenskirche am Rheinufer wandern. Nur auf einer Seite des mächtigen Bauwerks erleben wir noch einen kleinen Zipfel des alten Mülheims. Die Brücke zerteilt den Stadtteil in alt und neu, denn für den Bau der riesigen Rampen mussten 1927 zahlreiche alte Häuser am Rhein weichen. Zudem wurde Mülheim während des Zweiten Weltkrieges so häufig bombardiert wie keine andere Stadt außer Berlin.
Auch die weiße Clemenskirche erlitt zahlreiche Treffer und wurde erst 1952 bis 1960 vom bekannten Kölner Architekten Joachim Schürmann wieder aufgebaut. Bedingt durch eine bewegte Baugeschichte wirkt Mülheims älteste Kirche – ihre Ursprünge reichen immerhin bis ins 12. Jahrhundert zurück – recht unregelmäßig. Sie entstand als romanische Saalkirche und wurde 1692 und 1720 zu einer dreischiffigen, barock ausgestatteten Halle erweitert. 1754 kam die Vorhalle dazu, 1755 der Kirchturm mit der barocken Haube. Geweiht ist sie dem Schutzpatron der Seeleute. Das Innere des Sakralbaus überrascht heute durch seine Schlichtheit.
In den Blick rückt das Wahrzeichen von Mülheim einmal im Jahr zur großen Mülheimer Gottestracht, der Fronleichnamsprozession auf dem Rhein. Zu den Ursprüngen dieser schönen Tradition gibt es gleich drei Legenden – von einem Kirchenraub, einem toten Kind auf dem Rhein und einer Art „Erntedank" an Land und Fluss. Ebenfalls fehlen gesicherte Angaben darüber, wann der Umzug zu Lande und zu Wasser zum ersten Mal stattfand, nachgewiesen ist er seit dem 14. Jahrhundert. Nur der Weg ist klar: Nach einer Prozession durch die Straßen Mülheims geht das Allerheiligste an der Clemenskirche aufs geschmückte Schiff und weiter stromaufwärts bis zur alten Mülheimer Stadtgrenze – dort, wo heute die Zoobrücke ver-

läuft. Hier schließen sich die Boote der Schützenbruderschaft an, und der gesamte Tross mit großen und kleinen Beibooten lässt sich nach dem Segen über Stadt und Fluss zum Anleger an der Clemenskirche zurücktreiben. Seit 1935 werden sie hier vom heiligen Nepomuk begrüßt. Die erste Steinfigur des Schutzpatrons der Schiffer und Brücken stammte von Eduard Schmitz junior. Sie wurde 1992 durch eine neue Skulptur des Bildhauers Michael Pohlmann ersetzt.

Noch in Gedanken an das fröhlich-feierliche Spektakel wandern wir das Rheinufer stromabwärts (wenn die Kinder sich auf dem Spielplatz neben der Kirche ausgetobt haben), vorbei am Rhein-Gymnasium, das bereits 1830 gegründet wurde, an Wohnhäusern, die gewichtig über dem Rhein thronen und neuen Wohnanlagen, die mit so verheißungsvollen Namen wie Rheingold, Rheinperle oder Rheinstern locken. Entstanden sind sie auf altem Industriegelände und machen den Strukturwandel Mülheims deutlich – von der Maloche in die Moderne.

Ein besonderes Denkmal am Rhein erinnert dabei an die stürmische, aber nur gut 150 Jahre kurze Industriegeschichte Mülheims: die Schlackenbergwerft. Wo heute Bänke zum Ausruhen einladen und Möwen sich auf dem Geländer sonnen, standen bis zu den Zerstörungen durch den Zweiten Weltkrieg zwei

Clemenskirche am Rhein

Schlackenbergwerft am Stammheimer Ufer

Kräne, die die mächtigen Kabeltrommeln der Firma Felten & Guilleaume auf Schiffe hievten.
Die Schiffsanlegestelle mit den 14 markanten Rundbogenarkaden, die vom anderen Rheinufer ebenfalls gut zu erkennen ist, entstand 1922 auf einem Berg Schlacke. Jahrelang hatten Arbeiter des benachbarten Walzwerkes Böcking (gegründet 1872) heiße Asche in den Rhein gekippt und damit einen mächtigen Berg aufgetürmt – Voraussetzung für die später firmeneigene Rheinwerft der Drahtseil- und Kabelfabrik Felten & Guilleaume (F & G). Die kaufte 1896 das Gelände der Firma Böcking. 70 Jahre vorher hatten Jakob Theodor Felten und sein Schwiegersohn Franz Carl Guilleaume die Seilerei in der Kölner Südstadt gegründet, 1874 wurde die Produktion nach Mülheim verlagert.
Heute gibt es weder Böcking noch F & G, die zu ihrer Blütezeit in den 1960er Jahren mehr als 23.000 Arbeiter im In- und Ausland beschäftigte. Einer der fernseh-bekanntesten Malocher ist der Kölner Fred Fußbroich. Die Filmemacherin Ute Diehl drehte für den Westdeutschen Rundfunk von 1990 bis 2001 unter dem Titel „Die Fußbroichs" über die Kleinfamilie eine der ersten Doku-Soaps im deutschen Fernsehen – und dokumentierte damit gleichzeitig den schleichenden Untergang des einst blühenden Industrieunternehmens.

Mit jedem Schritt am Rhein entlang entfernen wir uns mehr und mehr von Mülheim und seiner Geschichte. Dazu gehört jedoch noch der in der Nähe der „Wiesdorfer Straße", ein wenig abseits vom Ufer stehende alte Wasserturm. Es ist der Rest eines Wasserwerkes, das die Rheinische Wasserwerks-Gesellschaft am 1. Januar 1876 in Betrieb nahm und das Mülheim und Deutz, seit 1881 auch Kalk mit Trinkwasser versorgte. Wie im Märchen ist der Backsteinbau von einer undurchdringlichen Hecke umgeben und möchte aus seinem Dornröschenschlaf doch eigentlich gerne geweckt werden.
Die Rettung des denkmalgeschützten Gebäudes und eine Umwandlung in ein Museum hatte sich in den 1990er Jahren der „Förderkreis rechtsrheinisches Köln" vorgenommen. Doch aus den ehrgeizigen Plänen wurde nichts. Die finanziellen Forderungen der Stadt waren für den kleinen Verein trotz Mithilfe von Sponsoren nicht zu erfüllen.
Wer die Vergangenheit Mülheims noch auf sich wirken lassen will, kann sich für eine Pause im Biergarten der KKM (Kanusport-Köln-Mülheim)-Gaststätte niederlassen (der wochentags leider erst ab 16 Uhr geöffnet ist) und den Blick über den Rhein und das gegenüberliegende Ufer inklusive Heizkraftwerk und Niehler Hafen wandern lassen – dort führt die fünfte Etappe des KÖLNPFADs entlang. Wir wandern weiter am „Stammheimer Ufer", das nicht erst seit der Stadtteilgrenze an der „Wiesdorfer Straße" so heißt, sondern schon seit dem Ende der „Krahnenstraße".
Irgendwie ist Mülheim auch bei dieser Namensgebung zu kurz gekommen. Auf den Ursprung von Mulinheim, Mulenheim oder Molenheym als Ortschaft mit den vielen Mühlen stoßen wir noch einmal bei einem Stückchen eines Metallgeländers, das plötzlich am Rheinufer unvermittelt im Wasser auftaucht, kurz

Ehemaliger Wasserturm der Rheinischen Wasserwerks-Gesellschaft

Kormoran an der Mündung des Faulbaches in den Rhein

bevor die „Stammheimer Hauptstraße" in den „Rheinuferweg" mündet.
Kleine Fische tummeln sich im seichten Strudel, und Enten schnattern aufgeregt am Wasser. An dieser Stelle mündet – nein, nicht der Faulbach in den Rhein, sondern ein rechtsrheinischer Randkanal aus Bergisch Gladbach. Der Faulbach mündet weiter flussabwärts in der Nähe des Rhein-Gymnasiums. Seinen Namen verdankt er nicht dem Geruch, wenn mal wieder zu wenig Wasser den Bach runter lief. Das passierte allerdings recht häufig, und der Faulbach war daher ungeeignet für Wassermühlen, was ihm den Namen „fauler Bach" einbrachte. Aber jetzt ist wirklich Schluss mit Mülheim, selbst die enge Wohnbebauung zieht sich vom Rheinufer zurück, wir haben mehr Luft zum Atmen. Und genau an dieser Stelle treffen sich Natur und Kultur, berührt der KÖLNPFAD den Stammheimer Schlosspark – mit Blick auf den Kölner Dom. Den von 1828 bis 1832 angelegten Park plante der königliche Gartenbauinspektor Maximilian Friedrich Weyhe für Franz Egon Graf von Fürstenberg-Stammheim. Das zugehörige Schloss gibt es seit dem Zweiten Weltkrieg leider nicht mehr. Aber doch scheint beim Gang durch den fünf Morgen (gut 10.000 Quadratmeter) kleinen Park, auf den geschwungenen „Brezelwegen", unter alten Buchen, Eichen, Platanen, Ahorn- und Akazienbäumen, vorbei an den steinernen Wächtern – den Löwen am Parktor – das 1944 durch einen Bombenangriff zerstörte Schloss noch allgegenwärtig zu sein. Wir spüren, dass der Park Bestandteil der Architektur ist, nie Parklandschaft pur war. Imaginäres Schloss mit Park, daneben der Rhein und der Blick über die Baumwipfel auf die Domspitzen vollenden sich zu einem ganz eigenen Panorama, von dem sich auch der Kölner Künstler Herbert Labusga inspirieren ließ. Er schuf 2002 die Skulptur „Tor mit Grafenpaar" und leistete auf künstlerischem Wege Erinnerungsarbeit an Kölns (!) ersten Ehrenbürger. 1856 erhielt Graf Fürstenberg (1797 bis 1859) diese Auszeichnung. Denn als kunstsinniger Mensch hatte er nicht nur Stammheim zu seinen Lebzeiten zum Zentrum zeitgenössischen

Kunst- und Kulturlebens gemacht, sondern er engagierte sich auch im Dombauverein, der in der zweiten Hälfte des 19. Jahrhunderts die Vollendung der Kathedrale vorantrieb.
Labusgas Skulptur gehörte zur ersten Staffel der Kunstaktion „Rheinblicke-Einblicke", gegründet von der Gruppe „Kultur Raum Rechtsrhein", die seitdem im jährlichen Wechsel ab Pfingsten den Schlosspark in einen Skulpturenpark verwandelt. Wer bereit ist, sich auf den Dialog zwischen Kunst und Parklandschaft einzulassen, dem öffnen sich immer wieder neue Ein- und Ausblicke in Natur und Kultur.
Am Rand des Parks, fast dort, wo früher das Schloss stand, befindet sich heute – verriegelt und verrammelt – der geschwungene Bau des „Ulrich-Haberland-Hauses", des ehemaligen Altenheims des Bayer-Konzerns. 1952 hatte die Bayer AG den Schlosspark erworben und das Altenheim am Rand des Geländes gebaut. Seit 1983 ist die Stadt Eigentümerin von Park und Immobilie. Nach jahrelanger Nutzung als Studentenwohnheim und anschließendem politischen Gezerre über Um- oder Ausbau zu einem Alten- und Pflegeheim sind das denkmalgeschützte Haus und sein Grundstück aufgrund ihrer attraktiven Lage seit 2007 Teil der „Regionale 2010" – einem speziellen Strukturprogramm des Landes NRW. Geplant ist dort – „Wohnen am Strom".
Den Schlosspark und das verheißungsvolle „Wohnen am Strom" lassen wir hinter uns und wandern auf dem 2006 ertüchtigten Hochwasserdeich weiter flussabwärts. Sofort schieben sich fünf

Steinerne Löwen bewachen den Eingang zum Stammheimer Schlosspark

Kunst trifft auf Natur

riesige graue Eier ins Blickfeld und verkünden eine Einrichtung, über die niemand gerne spricht, die aber alle brauchen: die Großkläranlage Köln-Stammheim. Graf Fürstenberg hatte noch nicht mit der gelegentlichen Geruchsbelästigung zu kämpfen, denn das zu den Stadtentwässerungsbetrieben gehörende Klärwerk gibt es erst seit 1953. Sein Vorläufer war eine viel zu kleine Anlage in Niehl. Trotz des neuen Klärwerkes ging der meiste Driss der Kölner dennoch einfach ungeklärt in den Rhein. Die Abwässer wurden nur mechanisch gereinigt, den organischen „Rest" musste Vater Rhein schlucken. Das änderte sich erstaunlicherweise erst grundlegend 1976 mit der Inbetriebnahme der biologischen Abwasserreinigung. 1992 erfolgte der weitere Ausbau einer dritten Reinigungsstufe, die den Rhein von Phosphat und Stickstoff entlastet. Immerhin landen in der 3,6 Hektar großen Anlage (das entspricht der Größe von gut fünf Fußballfeldern) 85 Prozent der im Kölner Stadtgebiet anfallenden Abwässer. Der Rest wird in den Klärwerken Langel, Weiden, Rodenkirchen und Wahn gesäubert.

Wenn wir am Zaun entlang wandern, bemerken wir kaum etwas vom Schwimmschlamm-Pumpwerk, sechs Voreindickern, vier Nacheindickern, der Schlammfaulung in den grauen „Eiern" und dem ausgeklügelten Hochwasserschutzsystem, das dafür sorgt, dass unsere alten Bekannten auch in Krisenzeiten nicht wieder ungeklärt im Rhein landen. Rabenkrähen sitzen gemütlich am Rand der runden Wasserbecken, wo schon die Endreinigung unserer Abwässer stattfindet. Sie finden die Klärwerksumgebung offensichtlich interessanter als das gegenüberliegende Naturschutzgebiet „Flittarder Rheinaue", das sich vom Deich bis zum Rhein erstreckt und vom Schlosspark fast vier Kilometer rheinabwärts bis zur Leverkusener Stadtgrenze. 180 Hektar umfasst die geschützte Natur auf dieser Rheinseite und übertrifft damit um 30 Hektar das Industriegebiet der Fordwerke auf dem gegenüberliegenden Ufer. Hier darf sich bei Hochwasser der Rhein richtig ausdehnen, und der Wechsel von Flut, Feucht- und Trockengebieten lässt ständig neue Lebensräume für Tiere und Pflanzen entstehen. Der Röhrichtsaum bietet Haubentauchern, Stock-, Schell-, Löffel- und Krikenten Unterschlupf, Falken kreisen über den Auenwäldern, die zum Wasser hin durch Weiden und Erlen bestimmt sind, weiter entfernt dominieren Esche und Eiche. Diese typische Auenlandschaft macht das Gebiet so wertvoll, und der Flittarder Manfred Hebborn weiß das auf seinen naturkundlichen Führungen ganz hervorragend zu erklären.

Der KÖLNPFAD führt nicht durch das Naturschutzgebiet, sondern wir dürfen die Natur nur aus der Entfernung auf dem Rheindamm beobachten – um die majestätisch einschwebenden Graureiher nicht zu stören, aber auch nicht die „Entwicklung einer strukturreichen Rheinauen-Kulturlandschaft unter Erhalt und Ausdehnung der natürlichen und naturnahen Elemente" wie es das städtische Grünflächenamt im schönsten Verwaltungsdeutsch in seinem „Pflege- und Entwicklungsplan" formuliert hat. So lassen sich auch die Obstbäume auf den ehemaligen Ackerflächen erklären und die Kühe, die im Naturschutzgebiet grasen dürfen. Denn die Grünlandnutzung hat in der Flittarder Rheinaue eine lange Tradition.

1894/95, beim Bau des Rheindamms, wurde die Aue zwar auf die Hälfte ihrer Breite reduziert, was aber einen Segen für die Flittarder bedeutete, die bis dahin ungeschützt den regelmäßig wiederkehrenden Rheinfluten ausgeliefert waren. Dieser Umstand spiegelt sich auch im Namen Flittard, Flithard oder Flithert wider, der „fließende Erde" bedeutet. An den Bau des Rheindamms erinnert die vom Bürgerverein 1995 errichtete Pegelsäule direkt hinter dem Deich in der „Hubertusstraße".

An dieser Stelle verlassen wir den Rhein, wandern vom Fluss weg die „Hubertusstraße" entlang und erreichen den alten

Betreten „streng unerwünscht" im Naturschutzgebiet

Optischer Telegraf an der Egonstraße

Ortskern mit der katholischen Kirche St. Hubertus. Deren Ursprung reicht bis ins Jahr 989 zurück. Die alte Schule nebenan ist allerdings bedeutend jünger, sie wurde 1876 erbaut. Den Schulhof ziert seit der 1.000-Jahrfeier 1989 eine Säule des Stammheimer Künstlers Fritz Schmitz, die auf Steintafeln die Geschichte Flittards erzählt. Schräg gegenüber der Schule steht noch der alte Bungartshof, der schon im Mittelalter existierte. Das jetzige Gebäude trägt allerdings die Zahl 1715. Damals wurde der Hof wieder aufgebaut, nachdem plündernde Soldaten Ende des 17. Jahrhunderts die Hofanlage angezündet hatten.

Wir wandern weiter gen Osten und überqueren die Schienen der Bayerbahn. Kurz dahinter steht – umgeben von drei Linden – ein alter Bildstock aus dem 15. Jahrhundert. Das „Hillijehüüsje" markiert die Stelle, an der bis vor wenigen Jahrzehnten das Rheindörfchen Flittard zu Ende war. An diesem Punkt lässt sich der KÖLNPFAD per Bus abkürzen.

Allerdings muss hier noch unbedingt auf eine Sehenswürdigkeit hingewiesen werden, die sich jedoch 500 Meter vom KÖLNPFAD entfernt befindet, dort, wo die „Edelhofstraße" zur „Egonstraße" wird. Der Ausflug zum blütenweiß gestrichenen Haus mit dem optischen Telegraf auf dem Dach lohnt allemal. 1832 errichtet, bis 1848 in Betrieb, 1973 rekonstruiert, gehörten die „Holzlatten" zu einem ausgeklügelten System der Nachrichtenübermittlung quer durchs Königreich Preußen. Innerhalb von zwei Stunden ließen sich mithilfe der Signalmasten und einer codierten Zeichensprache von Koblenz nach Berlin Staatsdepeschen verschicken. Auf dieser Strecke von knapp 550 Kilometern gab es insgesamt 61 Stationen, Nummer 50 in Flittard stand zwischen dem Telegraf in Schlebusch und dem auf dem Hauptturm der Kirche St. Pantaleon in der Kölner Südstadt. Früher gehörte der Flittarder Telegraf als Außenstelle zum Stadtmuseum, inklusive einer kleinen Ausstellung. Doch mittlerweile hat die Stadt die Immobilie ver-

kauft. Der Telegraf wird als Privathaus genutzt, das leider nur noch von außen besichtigt werden kann.
Nach dem langen (Pflaster-)Marsch über die „Roggendorfstraße" durch den neuen Teil von Flittard mit den zahlreichen Häusern, die die Bayer AG in den 1950er und -60er Jahren baute, können wir uns an der „Düsseldorfer Straße" zu einer Pause in der Pizzeria „Amici" niederlassen oder gleich eine Nacht im Hotel „Friends" verbringen, das früher einmal ein Gästehaus der Bayerwerke war.
Wir merken schon: Für den unaufhaltsamen Aufstieg des Chemie-Riesen aus dem benachbarten Leverkusen bedeuteten Gemeindegrenzen keine wirklichen Barrieren. Schon 1909 erhielt die Gemeinde Wiesdorf (heute ein Stadtteil von Leverkusen) ein 27 Hektar großes Grundstück von den Gemeinden Flittard und Stammheim, die beide erst 1914 nach Köln eingemeindet wurden. Das Gelände war zuerst nur zum Bau von Wohnungen für die Arbeiter und Angestellten der Bayer AG gedacht, die 1912 endgültig von Wuppertal nach Leverkusen übergesiedelt war. 1925 fusionierte das Unternehmen mit BASF und den Farbwerken Hoechst zur „I. G. Farbenindustrie AG". Ab 1951 hieß es dann wieder Bayer AG und setzte zum wirtschaftlichen Höhenflug an. Heute ist das Gebiet entlang der „Düsseldorfer Straße" Teil des „Bayer Chemieparks", und der Konzern produziert längst nicht mehr selbst dort, sondern vermarktet als Dienstleister Grundstück und Einrichtungen an andere Industrieunternehmen.

Bayer ist überall – Werksfahrrad im Wald

Wir überqueren die „Düsseldorfer Straße" und starten zum zweiten Teil der Etappe. Der führt zwar durch viel Grün, aber ein richtiger Wanderrhythmus will sich nicht einstellen. Denn der Weg wird von drei Schienensträngen und der wichtigen Autobahnverbindung ins Ruhrgebiet durchschnitten. Köln wird eben nicht umsonst als (Verkehrs-) Drehkreuz des Westens bezeichnet, und das lässt sich lautstark am KÖLN-PFAD erleben.

Wandern entlang der Eisenbahnschienen

Dafür werden wir gleich mit zwei Naturschutzgebieten belohnt. Denn, wer hätte das gedacht, zwölf der 21 Schutzzonen auf Kölner Stadtgebiet liegen im Rechtsrheinischen.
Doch kurz hinter der „Düsseldorfer Straße", nachdem wir gerade die ersten Bahngleise (der Strecke Köln-Leverkusen) überquert haben, gibt es noch einen bemerkenswerten, wenn auch unsichtbaren Punkt am KÖLNPFAD, der deutschlandweit einmalig ist: Hier kreuzen sich Längengrad (7° östlicher Länge von Greenwich) und Breitengrad (51° nördlicher Breite) auf (Kölner) Stadtgebiet. Alle übrigen, derartigen Kreuzungspunkte liegen irgendwo in der deutschen Walachei. Zur (kölschen) Orientierung: Genau 111 Kilometer weiter nördlich berührt der 52. Breitengrad gerade den Stadtrand von Bielefeld und 111 Kilometer weiter südlich reicht der 50. Breitengrad an das Stadtgebiet von Mainz heran.
Weiter geht es am 27 Hektar großen Naturschutzgebiet „Grüner Kuhweg" vorbei, das eingeklemmt zwischen Autobahn und Eisenbahnstrecke nach Wuppertal (es ist die zweite Eisenbahnstrecke, die wir überqueren) liegt. Das Areal ist eingezäunt und so wunderbar zugewachsen, dass kein Mensch mehr auf die Idee kommt, das Gewässer der alten Kiesgrube zu betreten, das insbesondere im Winter Rast- und Ruheplatz für durchziehende Wat- und Entenvögel ist. Das zweite Natur-

schutzgebiet „Am Hornpottweg" erreichen wir am Schluss der Etappe.
Der Stadtverband des Nabu (Naturschutzbund Deutschland), der beide Gebiete betreut, bietet nur am „Hornpottweg" einmal im Jahr eine geführte Wanderung an.
Aber es gibt noch ein paar Kuriositäten mehr am Etappenrand: Wir wandern quer über den 18-Loch-Golfplatz des „Golfclub Leverkusen", der allerdings auf Kölner Grund und Boden liegt. Unterwegs (leider ohne Hinweistafel, am Schild „Schutt abladen verboten" einbiegen) zweigt ein circa zwei Kilometer langer Wanderweg ab zum „Japanischen Garten" in Leverkusen – der auch noch auf Kölner Stadtgebiet liegt. Die 15.000 Quadratmeter große Gartenlandschaft hatte Carl Duisberg, Aufsichtsratsvorsitzender der IG Farben, Mitte der 1920er Jahre als Erweiterung seines Privatgartens anlegen lassen. Der Bau des Bayer-Hochhauses führte 1960 zur Verlagerung dieser Gartenanlage auf Kölner Stadtgebiet – ein klarer Fall von „Man muss auch jünne künne" (also gönnen können).
Weiter geht es über den Mutzbach, dem im späteren Verlauf des KÖLNPFADs sogar ein eigenes kleines Naturschutzgebiet gewidmet ist, zum nächsten Gewässer, dem Baggerloch am „Leimbachweg". Schwimmsachen benötigen wir für ein Bad im See mit dem sandigen, teils steilen Ufer nicht unbedingt, denn an seiner südöstlichen Ecke ist textilfreies Baden und Sonnen angesagt.

Brückchen über den Mutzbach

Grüße an den Lokführer

Und hier, in der Nähe des Sees, treffen wir wieder auf Spuren des Nachbarn Leverkusen, denn der KÖLNPFAD und der 2007 angelegte Wanderweg „Rund um Leverkusen" verlaufen jetzt gemeinsam bis zum Ende unserer Etappe in Dünnwald. Wer mag, kann also an dieser Stelle noch eine 62 Kilometer lange Runde um Leverkusen drehen und die Stadt – ähnlich wie beim KÖLNPFAD – von allen Seiten kennenlernen. Anfangs- und Endpunkte der zehn Teilstrecken – die zwischen 3,5 und neun Kilometer lang sind – sind jeweils mit öffentlichen Verkehrsmitteln zu erreichen, eine kleine Wanderbroschüre gibt es auch zu kaufen.

Wenige Schritte vom Baggersee entfernt haben wir endlich die dritte und letzte, allerdings unbeschrankte Eisenbahnstrecke vorsichtig überquert und erreichen End- und Höhepunkt der sechsten Etappe, das Naturschutzgebiet „Am Hornpottweg", ein Vorzeigeobjekt des Nabu in Köln. Wer mag, kann sich zuvor noch ein letztes Mal stärken im Gasthaus „Waldschenke", das nur einen kurzen Fußweg entfernt von den Gleisen, am Rand des Dünnwalder Waldes liegt.

Im ersten Moment ist es vielleicht ernüchternd für uns Wanderer, wenn wir im Naturschutzgebiet (Gesamtgröße immerhin 36 Hektar) oberhalb der ehemaligen Kiesgrube auf einen Stacheldrahtzaun stoßen, der uns den Zugang zur 17 Hektar großen Kernzone verwehrt. Aber nur diese Begrenzung stellt sicher, dass sich dort unten im und am Wasser, auf den kleinen Inseln

und zwischen Busch und Strauchwerk seit 1983 – seitdem gibt es das Naturschutzgebiet – derart verschiedene Biotope wie Feuchtgebiete, Trockenrasen, Heckensäume und Wälder nebeneinander entwickeln konnten. Graureiher staksen majestätisch durchs Flachwasser oder stehen lange unbeweglich, um schließlich blitzschnell ihre Beute im Wasser zu fangen. Wie überhaupt unter der Wasseroberfläche Fische und Amphibien erstaunlich einträchtig miteinander leben, weil seichte Wasserstellen für Frösche ideal sind, aber von den Fischen, die Froschlaich auch nicht verschmähen, gemieden werden. Auf den wechselfeuchten Wiesen, die im Sommer austrocknen, tummeln sich Heuschrecken – sehr zur Freude vieler Vögel, die dann einen reich gedeckten Tisch vorfinden. Rund 200 verschiedene Vogelarten haben die Naturschützer gezählt, davon stehen circa 110 auf der Roten Liste der gefährdeten Arten Nordrhein-Westfalens. Seit Mitte der 1990er Jahre helfen im Sommer vier Glanrinder, Wiesen und angrenzende Büsche kurz zu halten, um den speziellen Lebensraum für bestimmte Tierarten nicht zu gefährden. Holzbänke am zwei Kilometer langen Rundweg laden zum Verweilen ein, und auch ohne Fernglas wird man nach und nach von der Natur zehn Meter tiefer unten gefangen genommen.
Wie schön, dass das Naturschutzgebiet so nah an der Endhaltestelle „Schlebusch“ der KVB-Linie 4 liegt, dem Ende der sechsten Etappe. So ist auch eine interessante Stippvisite ohne lange KÖLNPFAD-Wanderung möglich.

Einblicke in das Naturschutzgebiet am Hornpottweg

**Länge:** 14 Kilometer

**Dauer:** 3 Stunden, 30 Minuten

**Profil:** Flach, der größte Teil der Strecke führt allerdings über asphaltierte Wege. Geeignet für Kinderwagen.

**Anfahrt:** mit den KVB-Linien 4, 13 oder 18 bis Haltestelle „Wiener Platz"

**Karte:** topografische Karte 1 : 25.000, Blatt 5007 (Köln), 5008 (Köln-Mülheim), 4907 (Leverkusen)

**Abkürzung:**
**Kilometer 7,5:** In Flittard die Haltestelle „Edelhofstraße" der Buslinien 151 und 152, die 21 Minuten benötigen bis zum „Wiener Platz" in Mülheim.

**Einkehrmöglichkeiten:**
**KKM** (Kanusport-Köln-Mülheim)-Gaststätte am Bootshaus mit Biergarten
Am Rheinacker 45, 51061 Köln, Tel. 02 21-66 29 09
Öffnungszeiten: Mi–Sa/Mo ab 16 Uhr, So ab 14 Uhr, Di Ruhetag

**Ristorante & Pizzeria Amici**
Roggendorfstraße 25, 51061 Köln, Tel. 0221-96 39 93 89
Öffnungszeiten: täglich 7.30–15 Uhr, 18–23 Uhr

**Hotel Friends** www.hotel-friends-koeln.de
Roggendorfstraße 23–25, 51061 Köln, Tel. 02 21-67 11 88-0

**Waldschenke** www.waldschenke-koeln.de
Am Kunstfeld 41, 51069 Köln, Tel. 02 21-8 00 34 46
Öffnungszeiten: Mi–So ab 11 Uhr, Mo/Di Ruhetage

**Allgemeine Informationen:**
**Clemenskirche**, Mülheimer Ufer 3, 51063 Köln
Die Clemenskirche ist nur sonntagsabends um 18.30 Uhr zur Messe geöffnet oder im Rahmen der Kunstausstellungen, die das „Kunstforum St. Clemens" regelmäßig im Gotteshaus veranstaltet. Informationen über die Homepage
www.kunstforum-st-clemens.de

**Naturkundliche Wanderungen** durch die Rheinaue und den Schlosspark veranstaltet der Bürgerverein Köln-Flittard www.koeln-flittard.de gemeinsam mit Manfred Hebborn einmal im Monat sonntags von 9 bis 12 Uhr (Auskunft unter der Telefonnummer 02 21-66 44 61). Mehr Informationen zur Kunst im Stammheimer Schlosspark gibt es auf der Homepage der Initiatoren www.rheinblicke-einblicke.de.

**Führungen durch die Großkläranlage** (Egonstraße, 51061 Köln) werden nur auf Anfrage durchgeführt. Bitte bei der Leiterin der Kläranlage Dr. Maria Fruhen-Hornig unter der Telefonummer 02 21-67 80-120 anfragen. Führungen mit dem Nabu Stadtverband Köln werden auf deren Homepage veröffentlicht www.nabu-koeln.de.

Das **Abwasserforum** www.abwasserforum-koeln.de bietet mit der Umweltschule „Villa Öki" einen außerschulischen Lernort auf dem Gelände des Großklärwerkes. Auskünfte darüber gibt es bei Marika Weeck, der Geschäftsführerin des Abwasserforums, unter der Telefonnummer 02 21-2 21-2 42 24.

**Golfclub Leverkusen** www.golfclub-leverkusen.de
Am Hirschfuß 2–4, 51061 Köln, Tel. 02 14-5 00 47 50-0

**Japanischer Garten**, Kaiser-Wilhelm-Allee, 51368 Leverkusen
Öffnungszeiten: Mai–September täglich 9–20 Uhr, Oktober–April 9 Uhr bis zum Einbruch der Dunkelheit
Eintritt: frei

**Die kleine Broschüre „Rund um Leverkusen"** mit dem Wanderweg und einer Karte ist zum Preis von 6,50 Euro bei den Verkaufsstellen der Wupsi www.wupsi.de, der „Kraftverkehr Wupper-Sieg AG" erhältlich, dem Betreiber des öffentlichen Personennahverkehrs in Leverkusen. Herausgeber ist der Verein „Leverkusen – ein starkes Stück Rheinland" www.verlev.de.

Seekühe – Glanrinder grasen am und im Wasser

# Etappe 7

## Durch Wälder

### und über Bäche

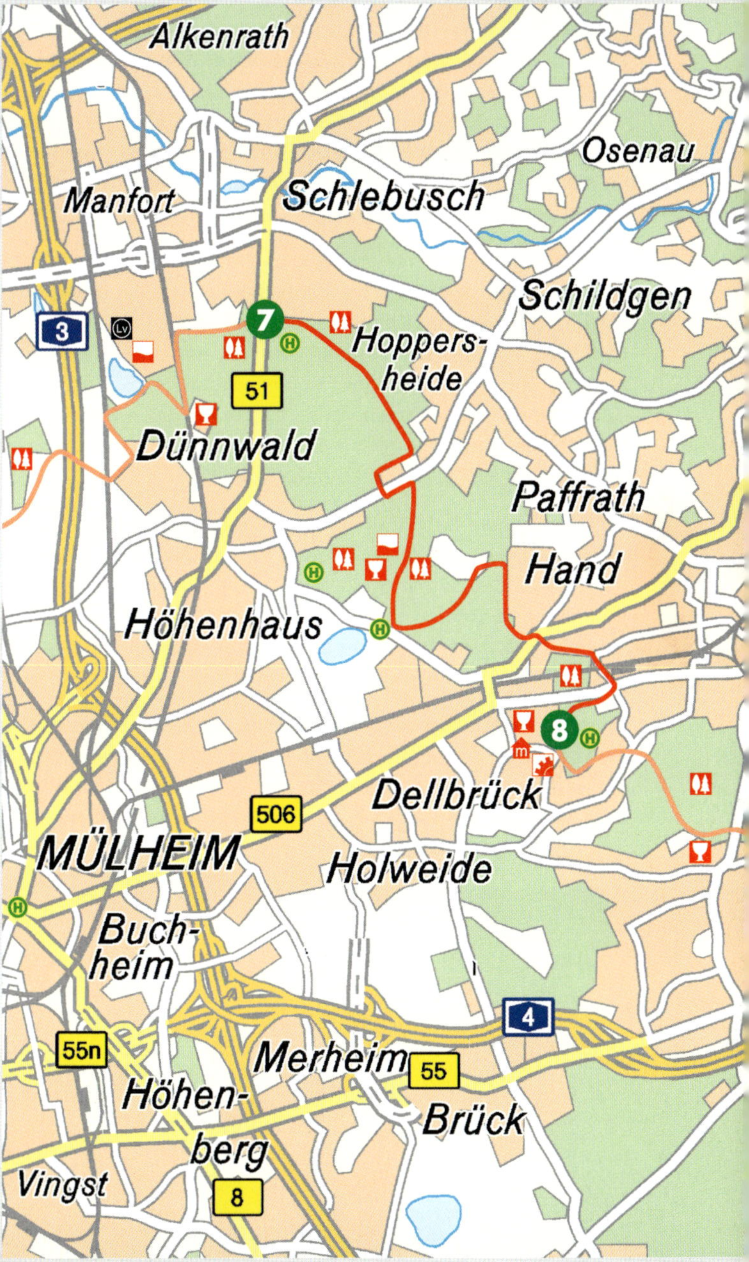


Links: Junge und alte Wanderer unterwegs auf dem KÖLNPFAD
Links oben: Bestandsschutz – Wohnhaus mitten im Naturschutzgebiet

# WEGBESCHREIBUNG 7

**Die Straßenbahnhaltestelle „Schlebusch“** im Rücken gehen Sie in den „Nittumer Weg“ und zweigen nach wenigen Metern am Schild „Naturschutzgebiet“ rechts ab in den Wald. Sie folgen dem schmalen Weg bis er auf einen breiten stößt. Diesen gehen Sie nach rechts. Nach 50 Metern biegen Sie links ab, wandern an der nächsten Kreuzung geradeaus, an der folgenden wiederum geradeaus. An der dritten Kreuzung gehen Sie rechts, bis Sie einen niedrigen Holzzaun erreichen.

**Vor dem Holzzaun** gehen Sie rechts den breiten Hauptweg entlang bis zur nächsten Gabelung. Hier gehen Sie links und folgen dem Weg am Naturschutzgebiet „Nittum-Hoppersheider Bruch“ entlang, am Bretterzaun der Familiensportgemeinschaft, an Gärten und Pferdekoppeln vorbei bis zur nächsten Gabelung. Hier gehen Sie wieder nach links (links fließt jetzt der Katterbach) und erreichen einen eingezäunten Fischteich.

**An der nächsten Gabelung** wandern Sie geradeaus bis zur rot-weißen Absperrung an der „Odenthaler Straße“. Hier gehen Sie nach links, etwa 50 Meter die Straße entlang, überqueren diese und gehen geradeaus in den Teerweg. Nach 50 Metern biegen Sie rechts ab in den Wald, an der nächsten Gabelung gehen Sie links und nach 100 Metern wieder rechts.

**An der nächsten Kreuzung** (mit schöner Rasthütte) wandern Sie geradeaus, an der darauf folgenden ebenfalls geradeaus und an der nächsten Gabelung gehen Sie rechts. Hier schimmert schon das Dünnwalder Waldbad durch den Wald. Sie überqueren den

Infotafel am Rand des Thielenbruchs

Mutzbach und gehen an der nächsten Kreuzung links. (Gehen Sie hier rechts, kommen Sie zum Waldbad und zum Wildpark).

**An der nächsten Kreuzung** wandern Sie geradeaus und gehen jetzt parallel zum Mutzbach stromaufwärts. An der nächsten Gabelung gehen Sie rechts, die folgende Gabelung müssen Sie links gehen bis zur „Diepeschrather Straße". Sie gehen rechts circa 100 Meter die Straße entlang bis zum Kreisverkehr (hier befindet sich die Bushaltestelle der Linie 154), überqueren die „Diepeschrather Straße" und gehen links in den Wald hinein.

**Der Weg verläuft parallel** zum Maschendrahtzaun. Sie folgen weiterhin dem Hauptweg, bis Sie an die Infotafel zum Naturschutzgebiet kommen. Hier gehen Sie links, an der nächsten Kreuzung (mit Rasthütte) geradeaus. Sie erreichen nach wenigen Metern die Naherholungsanlage „Diepeschrather Mühle". An der Straße „Diepeschrather Weg" gehen Sie rechts und den nächsten Weg gleich wieder rechts hinein. Sie wandern über den Spielplatz, durch ein kleines Wäldchen und dann rechts parallel zur Gasleitung.

**Am Ende des Weges** (vor dem Zaun mit dem Schild „Naturschutzgebiet") folgen Sie dem Teerweg („Heinrich-Strünker-Straße") an einer Kartoffelhandlung vorbei bis zur „Paffrather Straße", die Sie überqueren. Rechts neben dem Geschäft für Berufsbekleidung gehen Sie weiter den Teerweg, folgen der Straße „An der Kittelburg" bis zum „Katharinenkammerweg", in den Sie einbiegen.

**Sie wandern entlang** des Naturschutzgebietes „Thielenbruch und Thurner Wald" bis zum „Duckterather Weg". Hier gehen Sie rechts, auf dem Bürgersteig überqueren Sie die Brücke über die S-Bahngleise und gehen weiter bis zur „Mülheimer Straße". Diese überqueren Sie an der Ampel und wandern rechts 200 Meter die Straße entlang, bis die Bebauung endet.

**Hinter dem letzten Haus** gehen Sie links in den Wald hinein. An der nächsten Kreuzung gehen Sie rechts (hier treffen Sie auf den Waldlehrpfad) und weiter geradeaus, bis Sie zu einer kleinen Freifläche mit einem Baumstumpf kommen. Sie überqueren den Rasenplatz und gelangen zum Parkplatz der Straßenbahnhaltestelle „Thielenbruch".

# Von Schlebusch nach Thielenbruch

Diese Etappe gehört den Kindern. Wälder, Bäche, ein Waldbad, ein Wildpark und der Riesenspielplatz „Diepeschrather Mühle" erlauben keine stramme Wanderung. Zu verlockend sind die Angebote für den Wandernachwuchs am KÖLNPFAD, der auf der zweiten rechtsrheinischen Etappe noch dazu einer Gratwanderung gleicht. Der Weg ist zwar wieder eine Flachstrecke, die jedoch überwiegend hart an der Grenze zur Nachbarngemeinde Bergisch Gladbach entlang führt und am Straßenbahnmuseum in Thielenbruch endet.

Der Startplatz, die Endhaltestelle der KVB-Linie 4 – schon in Leverkusen, im Stadtteil Schlebusch gelegen – ist im Dünnwalder Wald eingebettet. Unser zu Beginn schmaler Wanderweg schlängelt sich durch dicht stehende, junge Buchenbäume und wird erst da breiter, wo die Bäume schon älter sind, sich ihren Raum erobern durften.

Nach drei Kilometern durch den Wald laufen wir vor einen niedrigen Holzzaun. Das dahinter stehende Schild „Naturschutzgebiet" ist der Grund dafür, dass der KÖLNPFAD an dieser Stelle nach rechts abbiegen und weiter dem breiten Hauptweg folgen muss. Das kennen wir schon von den vor-

Bachlauf im Dünnwalder Wald

hergehenden Etappen, denn zum Schutz von Fauna und Flora darf kein neu angelegter Wanderweg durch derartige Gebiete führen. Schade, denn nur 100 Meter weiter geradeaus hinter dem Zaun bildet ein Zufluss (mit Holzbrückchen) zum Katterbach den ersten natürlichen Wasserspielplatz am KÖLNPFAD – mit für Eltern beruhigend flachen Ufern.

Bächlein mit Brückchen

Das „Naturschutzgebiet"-Schild bezeichnet den Nittum-Hoppersheider Bruch, eine zwölf Hektar kleine Schutzfläche, die schon zu Bergisch-Gladbach gehört. Auf einer Hinweistafel steht zwar fälschlicherweise „Hoppersheider Busch", und Büsche gibt es auch im Bruch, nur schützenswert ist der Sumpf wegen seiner Erlenbruchwälder und der alten Buchen und Eichen. Baumriesen kennzeichnen die gesamte siebte Etappe, aber der Kölner Wald in allen seinen Ausprägungen ist auf der Strecke präsent: Es beginnt mit den jungen Buchen, die mit Absicht so dicht stehen, damit sie gerade nach oben wachsen, zur einzigen Lichtquelle. Überleben werden nur die wenigsten – die mit dem besonders geraden Stamm. Dafür sorgen Konkurrenzkampf und Durchforstungen. Doch die Bepflanzung ändert sich schon nach wenigen Metern. Plötzlich tut sich ein bunter Mischwald auf. Da wächst Birke neben Eiche, die Sonne lässt insbesondere im Herbst die Blätter der Buchen goldgelb erstrahlen, Farne und Brombeersträucher bedecken den Boden, hier und da steht noch eine Fichte, die den Stürmen der vergangenen Jahre getrotzt hat. Zwischendurch ragen einzelne Kiefern auf, die für Kölner Wälder so typischen Exemplare dieser Art: zehn bis 15 Meter hoch, der hellbraune, astlose Stamm endet in schirmförmigen Kronen. An dieser Stelle hatte kein Förster seine durchforstende Hand im Spiel; hier findet der Buntspecht noch seinen abgestorbenen Ast zum Hacken, und Meisen inspizieren eifrig die Baumrinden – so sieht es jedenfalls aus. Das ist geschmeichelt, denn außerhalb der Natur-

Beliebte Joggingstrecke am Rand von Dellbrück

schutzgebiete wird der Kölner Wald natürlich gehegt, gepflegt und kommerziell genutzt. Immerhin 15 Prozent des Stadtgebietes, nämlich 6.000 Hektar, sind von Wald bedeckt und machen die Domstadt damit zu Nordrhein–Westfalens waldreichster Großstadt.

Begonnen hat das erfolgreiche forstliche Aufbauwerk im 19. Jahrhundert genau hier, im Dünnwalder Wald. Schon seit der Römerzeit rodeten die Kölner nämlich ihren Wald, um den fruchtbaren Boden auf Stadtgebiet für die Landwirtschaft zu nutzen. Köln war kahl. Das änderte sich erst vor gut 120 Jahren, als das Heidegebiet in Dünnwald aufgeforstet und damit die Keimzelle für die erfolgreiche städtische Grünpolitik gelegt wurde. 1925 war der Dünnwalder Wald immerhin schon 700 Hektar groß, die restlichen 5.300 Hektar im Stadtgebiet kamen erst in den vergangenen 80 Jahren hinzu.

Das beeindruckende Zahlenwerk belegt, wie wichtig den Stadtvätern der Wald für das städtische Klima ist. Und der zeigt uns rechts und links des Weges entlang des Naturschutzgebietes nochmals beispielhaft seine zwei Gesichter: hier aufgeräumt, der Boden nur bedeckt von braunen Buchenblättern, dort verwildert, verwachsen, verwunschen.

Denn der Wald ist natürlich auch zum Verstecken da, und ein verstecktes Plätzchen am Waldrand hat sich die „Familien-Sport-Gemeinschaft Bergisch Gladbach" ausgesucht. Auf der Hinweistafel zum Vereinsgelände steht, der Sportverein sei „familienfreundlich, vielseitig, naturverbunden" – und das mitten im Wald, fragt sich der Wanderer? Klar, denn die Mitglieder betreiben Volleyball, Badminton, Hoch- oder Weitsprung nackt und haben dafür ein lauschiges Plätzchen am Rand von Bergisch Gladbach gefunden, geschützt vor neugierigen Blicken durch einen Bretterzaun. Zwar wirbt der Verband der 36 nordrhein-westfälischen Familiensportvereine mit dem Slogan „Wer kommt, der bleibt", aber wir wandern dennoch weiter.

Der Weg führt jetzt direkt an den großen Grundstücken der Häuser vorbei, die schon zum Bergisch Gladbacher Stadtteil Katterbach gehören. Hier ist Platz für Pferdekoppeln, und mancher Garten ist so schön verwildert, dass sich Wald und Flur vor und hinter dem Zaun kaum noch voneinander unterscheiden.

Bald überqueren wir auch den namensgebenden Katterbach. Später begegnen uns noch der Mutzbach und der Kemperbach. Von Mülheim kennen wir die fleißige Strunde mit ihren ehemals vielen Mühlen und den faulen Faulbach. Und aus Sülz den Duffesbach, dessen Wasser Färber und Gerber nutzten. Köln hat also nicht nur den großen Vater Rhein zu bieten, sondern auch viele kleine Bäche, die in der Vergangenheit wichtige wirtschaftliche Aufgaben erfüllten. Mittlerweile sind die Bachläufe aus dem Stadtbild verschwunden, kanalisierte Opfer einer autogerechten Stadt. Aber an der städtischen Peripherie, insbesondere im Rechtsrheinischen, gibt es noch mehr als 80 Kilometer liebliche Bachläufe, versteckte Gewässer im Wald oder kleine Kanäle am Gehölzrand, die vom Bergischen Land zum Rhein strömen. Doch nicht alle kommen dort an, manche

Rasten und den Wald genießen

Fischteich versteckt im Wald

versickern unterwegs im groben Geröll der ehemaligen Mittelterrasse des Rheins. Vielleicht wollen sie auch einfach nicht so elend enden wie der liebliche Mutzbach, den es in Leverkusen-Manfort erwischt. Hier muss auch er unter die Erde, überwindet die letzten Meter bis zur Dhünn im dunklen Rohr und wird mit dem Wupperwasser in den Rhein gespült.
Dem Mutzbach wird vorher wenigstens noch ein eigenes Naturschutzgebiet („Oberer Mutzbach") gewidmet, an dessen Rand der KÖLNPFAD entlang führt. Hier gibt es einen herrlichen Auenwald mit Erlen und Eschen zu bestaunen, und ebenfalls hier lagert der Mutzbach seinen Lehm ab, den er aus den Kalklehmböden seines Quellgebietes, der Bergisch Gladbach-Paffrather Mulde (entstanden im Erdaltertum vor 350 Millionen Jahren) mitgenommen hat. Dieser Lehm sorgt dafür, dass es der Bach bis Leverkusen schafft, denn mit der feinen Erde dichtet er sein Bett auf dem kiesigen Untergrund der ehemaligen Rhein-Mittelterrasse ab.
Das „clevere" Gewässer machten sich Dünnwalder Arbeitervereine und andere Organisationen zunutze, die sich in den Jahren 1923 bis 1926 zum „Freien Ortskartell" zusammengeschlossen hatten, dem der Sozialdemokrat Peter Baum vorstand. Sie wollten ihren Mitgliedern neben Bildungs- auch Freizeitan-

gebote machen und verwandelten deshalb eine natürliche Senke des Mutzbaches im Wald in ein Schwimmbad, das sie „Strandbad Loreley" tauften – schließlich gehörte auch der „Volkschor Loreley" zum Kartell. Im Volksmund wurde das Gewässer auch „Schlammbad Loreley" genannt. Die Dünnwalder fanden dennoch Gefallen an ihrem schlammig-sommerlichen Badevergnügen, gossen aber später das natürliche Becken mit Beton aus. Pfingsten 1928 fand die große offizielle Einweihungsfeier des ersten, rechtsrheinischen Freibades statt. Schon fünf Jahre später, 1933, enteigneten die Nazis das Bad und benannten es in „Norkusbad" um. Der Sozialdemokrat Peter Baum starb schließlich 1944 im Konzentrationslager Oranienburg.

Noch heute existiert das „Freie Ortskartell" – in dieser Form einzigartig in Deutschland – und betreibt das wunderbare Waldbad, das nach dem Krieg von den Briten rückübertragen wurde. Das Wasser stammt allerdings nicht mehr aus dem Mutzbach, sondern wird aus Brunnen gespeist und beheizt. Ein angeschlossener Campingplatz (inklusive zweier Apartments mit vier Betten für müde Wanderer!) nebst Minigolfplatz helfen zudem dabei, das Bad finanziell über Wasser zu halten. Denn seit 2005 zahlt die Stadt keinen Cent mehr für den Unterhalt des idyllischen und stadtweit einzigartigen Freibades. Immerhin führte die finanzielle Ebbe dazu, das Kölner Bands wie „Brings" oder „Köbes Underground" regelmäßig

Freibad mit langer Tradition: das Dünnwalder Waldbad

Wildschweine im Wildpark Dünnwald

im Waldbad Konzerte geben und mit ihren Auftritten Geld in die Kasse des Kartells spülen.

Im Winter ist das Bad natürlich geschlossen, das zugehörige Café „Delphi" ist allerdings das ganze Jahr (bis auf den zweiten Weihnachtsfeiertag) geöffnet, genau wie der angrenzende Wildpark. Damhirsche, Wildschweine, Mufflons und Wisente freuen sich stets über einen Besuch der großen und kleinen KÖLNPFAD-Wanderer. Seit 1957 gibt es das mehr als 20 Hektar große städtische Wildgehege. Zwei weitere Wildparks in städtischer Obhut existieren noch in Brück und Lindenthal. In den letzten Jahren steigt erfreulicherweise wieder das Interesse an dem urwüchsigen Park, der ganz unspektakulär die Pflanzen und Tiere zeigt, die typisch sind für unsere heimischen Wälder. Eher untypische Bäume für den deutschen Wald wie Taubenbaum, Magnolie oder Mammutbaum und mächtige Rhododendronhecken gibt es dagegen im „Arboretum" zu bestaunen, nicht weit vom Eingang des Wildparks entfernt. Hier nutzt die „Schutzgemeinschaft Deutscher Wald" seit 1961 ein vier Hektar großes, städtisches Gelände als „Anschauungsgarten" und pflanzte spezielle Bäume der gemäßigten Klimazonen, um herauszufinden, ob derartige Sorten sich dauerhaft für den deutschen Wald eignen. Am Wildpark lässt sich die Etappe natürlich auch beenden oder einen guten Kilometer weiter am Kreisverkehr von „Diepeschrather Straße", „Kalkweg" und „Dellbrücker Steinweg".

Dem Mutzbach bleiben wir treu und begegnen dem Bachlauf kurze Zeit später wieder – zusammen mit dem Mühlbach auf dem großen Spielgelände „Diepeschrather Mühle". Die Kinderattraktion mit Kletterpyramiden für große und kleine Pänz, Schaukeln in allen Variationen, Bobbycar- und Inlineparcours nebst Verkehrsübungsplatz, einem Teich und natürlich einer Grillhütte für die „Großen" lässt keine Wünsche offen.
Ein Familienausflug zur „Diepeschrather Mühle" muss auch nicht auf die eigene mitgebrachte Verpflegung beschränkt bleiben. Seit Januar 2011 ist das traditionsreiche Ausflugslokal – nach langer Sanierung – wieder eröffnet. In einem Nebengebäude befindet sich das Café „Diepeschrather Mühle". Ein Hotel soll es zukünftig auch wieder geben. Schließlich galt die „Diepeschrather Mühle" fast 80 Jahre lang als äußerst beliebtes Lokal im Wald mit Biergarten draußen und gut bürgerlicher Küche drinnen.
Der Weg führt nach kurzem Intermezzo im Wald am Rand des Bergisch Gladbacher Ortsteils Hand vorbei, und wir wundern uns schon an der betriebsamen „Paffrather Straße" über das Schild „Naturschutzgebiet". Denn dieser Siedlungsrand hat so gar nichts Schützenswertes an sich, und der Wanderweg verläuft ganz unspektakulär zwischen Kartoffelhandel und Berufsbekleidungs-Fachgeschäft. Und doch befinden wir uns hier an der Kante des immerhin 58 Hektar großen Schutzgebietes „Thielenbruch und Thurner Wald", einer an dieser Stelle kaum vermuteten Oase für Tiere und Pflanzen. Sie behauptet sich zwischen S-Bahnlinie und Gasleitungen, zwischen Stadtgrenze und „Bergisch Gladbacher-Straße".
Beim Blick von außen auf das Gebiet, das seit 2005 sogar als europaweit bedeutsames „Flora-Fauna-Habitat" gilt, wirkt der Wald nicht besonders wertvoll, aber wie so

Natur pur im Naturschutzgebiet Thielenbruch

Feuchte Wiesen mit Wollgras

häufig im Leben liegen die wahren Werte innen drin: ein wertvolles Kalk-Niedermoor in der Nähe des „Katharinenkammerweges" und ein Niedermoor weiter westlich im Thurner Wald. Hier leben in einer außergewöhnlichen Vielfalt Pflanzen dicht nebeneinander, die eigentlich Welten voneinander trennen: Gewächse, die feucht-basische Böden lieben, wie das Wollgras mit seinen auffälligen weißen Flockenköpfchen, stehen nicht weit entfernt von denen, die trockenen-sauren Untergrund bevorzugen wie der englische Ginster. Geologisch ist diese einmalige Konstellation der Bergisch Gladbach-Paffrather Kalkmulde zu verdanken, die bis an das Naturschutzgebiet heranreicht, und der ehemaligen Mittelterrasse des Rheins auf der anderen Seite der Schutzzone. Zwischen dem Paffrather Kalkgestein und den Sand- und Kiesfrachten des ehemaligen Rheinbettes befinden sich tonhaltige, also wasserstauende Schichten, die mit ihren Quellen das Kalkflachmoor entstehen ließen. Immerhin drei Wege (am „Katharinenkammerweg", an der „Heinrich-Strünker-Straße" und dem „Dellbrücker Steinweg") führen durchs Naturschutzgebiet, und im Frühjahr begleiten ausgiebige Froschkonzerte den KÖLNPFAD-Wanderer. Sogar eine Jungfer ist hier heimisch, die Helmazurjungfer, eine seltene Kleinlibelle.

Der weitere Weg führt durch den schönen alten und abwechslungsreichen Thielenbrucher Wald, wo Kemperbach und Wald-

bach fließen und dem Lebensbäume einen parkähnlichen Charakter verleihen. Der Wald fügt sich nahtlos an das Naturschutzgebiet an, obwohl das 60 Hektar große Gebiet „nur" als Landschaftsschutzgebiet gilt. Das Thielenbruch ist ein Restbestand des Naturraumes „Bergische Heideterrasse", und seine Artenvielfalt profitiert ebenfalls von der Lage am Rand der Paffrather Kalkmulde und der Mittelterrasse des Rheins.
Zu diesem natürlichen Ensemble passt wie gemalt das Ziel unserer Etappe, der Bahnhof „Thielenbruch". 1906 als Depot der Vorortbahn Köln-Bergisch Gladbach in Betrieb genommen, wurde dieses schon 1926 um eine Wagenhalle mit sechs Gleisen erweitert. Erst 1994 gaben die Kölner Verkehrsbetriebe den Bahnhof endgültig auf zugunsten eines neuen Depots in Merheim. Seit 1997 beherbergt das im Stil der Gründerzeit gebaute Backsteingebäude das Straßenbahn-Museum Thielenbruch. Es wird ehrenamtlich vom Verein „Historische Straßenbahn Köln" betreut – ist deshalb nur einmal im Monat geöffnet – und dokumentiert 125 Jahre Straßenbahngeschichte in Köln. Leider ist die angegliederte Gastronomie nicht wanderfreundlich, denn „Lezuch's Gasthaus" öffnet wochentags erst um 16.30 Uhr seine Pforten. Dafür kann man die Wartezeit auf die Straßenbahn Richtung Innenstadt in der liebevoll restaurierten alten Bahnhofshalle (mit Holzfußboden!) genießen.

Straßenbahndepot von 1906 in Thielenbruch

**Länge:** 12 Kilometer

**Dauer:** 3 Stunden

**Profil:** flach, geeignet für Kinderwagen

**Anfahrt:** mit der KVB-Linie 4 bis Endhaltestelle „Schlebusch"

**Karte:** topografische Karte 1 : 25.000, Blatt 4908 (Burscheid), 5008 (Köln-Mülheim)

**Abkürzungen:**
**Kilometer 4:** Am Wildpark liegt die Haltestelle „Wildpark" der Buslinie 154, die in sieben Minuten die S-Bahnhaltestelle „Dellbrück" erreicht und in elf Minuten die KVB-Haltestelle „Dellbrück-Hauptstraße".
**Kilometer 5:** Am Kreisverkehr („Diepeschrather Straße") liegt die Haltestelle „Diepeschrather Straße" der Buslinie 154. Von hier sind es noch drei Minuten bis zur S-Bahnhaltestelle „Dellbrück" und sieben Minuten bis zur KVB-Haltestelle „Dellbrück-Hauptstraße".

**Einkehrmöglichkeiten:**
**Café Delphi** www.waldbad-camping.de
Peter-Baum-Weg 24, 51069 Köln, Tel. 02 21-60 77 27
Öffnungszeiten: täglich (außer am zweiten Weihnachtsfeiertag) 10–22 Uhr (warme Küche ab 12 Uhr)

**Diepeschrather Mühle** www.diepeschrather-mühle.de
Diepeschrather Weg 80, 51469 Bergisch Gladbach,
Tel. 0 22 02-1 88 63 38
Öffnungszeiten: Di–So 12–23 Uhr, Mo Ruhetag

**Café Diepeschrather Mühle**
Diepeschrather Weg 80 a, 51469 Bergisch Gladbach,
Tel. 0 22 02-2 94 82 58
Öffnungszeiten: Mo/Mi–Fr 13–18 Uhr, Sa 11–18 Uhr, So 10–18 Uhr, Di Ruhetag

**Lezuch's Gasthaus im Museum** www.lezuchs.de
Gemarkenstraße 139, 51069 Köln, Tel. 02 21-6 80 16 63
Öffnungszeiten: Di–Fr ab 16.30 Uhr, Sa/So/Feiertage ab 12 Uhr, Mo Ruhetag

**Allgemeine Informationen:**
**FSG** – Familien-Sport-Gemeinschaft Bergisch Gladbach
www.Familiensportgemeinschaft.eu
Am Klutstein 55, 51467 Bergisch Gladbach

**Waldbad und Campingplatz** www.waldbad-camping.de
Peter-Baum-Weg 20, 51069 Köln, Tel. 02 21-60 33 15
Öffnungszeiten: im Sommer täglich 9–20 Uhr
Eintritt: Erwachsene 4,- Euro, Kinder ab vier Jahren, Studenten, Schwebehinderte 2,50 Euro. Die Anmietung der beiden Apartments übernimmt die Rezeption am Campingplatz.

**Wildpark Dünnwald**
Forstrevier Dünnwald, Dünnwalder Mauspfad (Wildpark), 51069 Köln, Tel. 02 21-60 13 07 (Die beste Anrufzeit ist morgens zwischen 7.30 und 8 Uhr.)
Der Eintritt ist kostenlos, denn der Wildpark ist stets frei zugänglich. Führungen durch den Wildpark finden jeden zweiten Mittwoch im Monat ab 14 Uhr statt und nach Vereinbarung. Treffpunkt ist Ecke „Dünnwalder Mauspfad"/„Kalkweg".

**Straßenbahn-Museum Thielenbruch** www.hsk-koeln.de
Gemarkenstraße 139, 51069 Köln, Tel. 02 21-2 83 47 71
Öffnungszeiten: jeden zweiten Sonntag im Monat von 11-17 Uhr, Winterpause von Januar bis Februar
Eintritt: Erwachsene 1,50 Euro,
Kinder zwischen 6 und 12 Jahren 1,- Euro
An den Öffnungstagen werden stündlich kostenlose Führungen angeboten. Für interessierte Gruppen, insbesondere Schulklassen, gibt es Sonderführungen außerhalb der regulären Öffnungszeiten. Dafür ist Beate Dehmel von der KVB zuständig (Tel. 02 21-5 47 38 18).

Stille Waldidylle am Wegesrand

# Etappe 8

## Vom Bergischen Land auf Köln geschaut

Links: Auf dem Weg zur Rochuskapelle bei Herkenrath
Links oben: Blumenschmuck in der Altstadt von Bensberg

## WEGBESCHREIBUNG 8

**Den Bahnhof „Thielenbruch"** im Rücken gehen Sie entlang des P+R-Parkplatzes bis zur „Waldschänke". Hier halten Sie sich rechts und folgen den KÖLNPFAD-Zeichen (links liegt die Lichtung). Sie biegen in den Hauptweg ein, der leicht nach links führt. Sie wandern am Waldrand entlang parallel zum Umbach und den Häusern von Dellbrück. In einer leichten Linkskurve (fünf Bäume und eine Holzbank) knickt der Weg nach rechts ab und verläuft direkt an Einfamilienhäusern vorbei. Nach kurzer Strecke treffen Sie auf den „Gierather Mühlenweg", überqueren kurz darauf die „Gierather Wiese" und wandern weiter geradeaus bis zur Straße „Rosenhag", in die Sie links einbiegen.

**Am Ende des „Rosenhag"** überqueren Sie die „Gierather Straße", gehen circa 50 Meter im Wald (Naturschutzgebiet) geradeaus und biegen bei der Gabelung, nachdem Sie den Bach überquert haben, links ab. An der nächsten Gabelung gehen Sie rechts und nach 20 Metern an der folgenden Gabelung geradeaus. An der nächsten Wegspinne wandern Sie wieder geradeaus und leicht bergauf. Bald erscheinen rechts große Lagerhallen.

**Der Weg führt zum Restaurant „Ikos"** (ehemals Landgasthof „Kickehäuschen"), wo Sie aus dem Wald heraus treten. Hier gehen Sie links, 100 Meter die Straße „Auf der Kaule" bis zur „Dolmanstraße", die Sie überqueren. Sie wandern weiter geradeaus hinter den Häusern des Bergisch Gladbacher Stadtteils Refrath durch eine grün-weiße Schranke. An der nächsten rot-weißen Schranke gehen Sie rechts und überqueren kurz danach die „Golfplatzstraße". Sie wandern geradeaus weiter entlang der Straße „Sandbüchel".

**Der Weg führt weiterhin** an der Rückseite von Wohnhäusern vorbei und knickt vor rot-weißen Pollern nach links ab. Sie folgen dem Weg durch den Wald, bis Sie die Erholungsanlage „Saaler Mühle" erreichen.

Freie Sicht auf das KÖLNPFAD-Wanderzeichen

Am Gewässer angekommen, dem Bensberger See, gehen Sie nach links am Spielplatz vorbei bis zur großen Schutzhütte.

Der Umbach in Dellbrück

**An der Schutzhütte** gehen Sie rechts vorbei bis zur „Saaler Straße", die Sie überqueren. Sie stehen vor der Eissporthalle und gehen nach links wenige Meter bis zur Straße „Obersaal", in die Sie rechts einbiegen. Sie folgen den Schildern „Golfplatz", gehen aber am Eingang des Golfplatzes vorbei und biegen vor dem Verkehrsschild und den rot-weißen Pollern rechts ab.

**Die ehemalige Bahntrasse** von Bergisch Gladbach nach Rösrath überqueren Sie und wandern weiter an den Industriehallen vorbei. An der zweiten Holzbrücke biegen Sie nach links ab, überqueren die Brücke und gehen danach gleich rechts und weiter durch den Wald. An der nächsten Gabelung wandern Sie rechts, bis Sie einen Teerweg, den „Lückerather Weg", erreichen. Hier gehen Sie nach links bis zur „Bensberger Straße", die Sie an der Ampel überqueren.

**Sie gehen in die Straße „Am Rübezahlwald"** hinein und dort gleich rechts durch das Tor auf den Friedhof. Sie durchqueren den Friedhof auf dem Weg ganz links. Am Ende des Friedhofs gehen Sie durch eine Metalltür wieder in den Wald hinein. An der nächsten Kreuzung wandern Sie links. (Der Weg rechts führt zur Grube Cox, wenn Sie den Holzpfählen mit den roten Köpfen folgen.) An der nächsten Kreuzung gehen Sie geradeaus und an der folgenden rechts. Sie erreichen Fischteiche. Hier gehen Sie rechts in einen Sandweg hinein, der leicht bergauf führt, bis Sie zu einer Gabelung mit einer markanten Buche kommen.

**An der Gabelung gehen Sie links** und folgen weiter dem Hauptweg, bis Sie die Straße „Lerbacher Weg" erreichen. Die Straße gehen Sie rechts circa 600 Meter (links liegt Schloss Lerbach)

Gut Lerbach – Bauernhof im Bergischen

entlang und biegen dann rechts Richtung Kaltenbroich in die Straße „Oberlerbach" ab. Nach wenigen Metern gehen Sie am Bauernhof (Gut Lerbach) links und erreichen einen schmalen Hohlweg, den Sie bergauf wandern.

**Zwischen Natursteinmauer und Wiese** wandern Sie einen Kilometer bis zur Rochuskapelle. An der Kapelle gehen Sie rechts ungefähr einen Kilometer die viel befahrene „Herkenrather Straße"/„Kierdorf" entlang. Kurz nach dem Haus mit der Nummer 6 überqueren Sie die Straße und gehen in den Wald hinein. (Von hier aus lohnt ein Abstecher zur Kirche in Herkenrath: Gehen Sie weitere 100 Meter die Straße entlang. Hinter dem Haus mit der Nummer 1 knickt der Weg links ab und führt gleich wieder rechts durch die Wiese – Wanderweg Nr. 13 oder N). An der nächsten Kreuzung wandern Sie geradeaus und den Berg hinab. Sie durchqueren die ehemalige Grube Blücher (mit dem Amphitheater) und gehen auf der gegenüberliegenden Seite wieder hoch.

**Nach wenigen Metern** erreichen Sie das „Naturfreundehaus". Das Haus im Rücken folgen Sie den KÖLNPFAD-Zeichen und wandern sanft bergab. An der nächsten Weggabelung links, am Wegedreieck geradeaus, an einem Waldhaus vorbei, dann an der nächsten Gabelung rechts und an der Wegspinne links (geradeaus Grube Cox). Nach circa 500 Metern erreichen Sie den Franzosenfriedhof und können von hier noch zum kaiserlichen Friedhof gehen. (Beim Denkmal, die drei Tannen im Rücken, nehmen Sie an der Gabelung den rechten Pfad und erreichen nach kurzem Weg den kaiserlichen Friedhof.)

Fensterschmuck an der Rochuskapelle

**Am Franzosenfriedhof** wandern Sie weiter geradeaus durch das Milchborntal, entlang des Freibades und verlassen den Wald in Höhe des Parkplatzes am Waldstadion. Sie überqueren den Platz und gehen rechts am „Haus der Vereine" vorbei und in die Straßen „Hardtweg" hinein. Sie gehen weiter den „Hardtweg" bergauf, biegen links in die Straße „Zur Hardt" ein. Nach 20 Metern gehen Sie eine Treppe hoch, folgen danach weiter der Straße, bis Sie unterhalb des Schlosses die „Jan-Wellem-Straße" erreichen.

**Die „Jan-Wellem-Straße"** gehen Sie rechts entlang, um das Schloss herum, am Haupteingang vorbei („Kadettenstraße") und danach die Straße „Markt" wieder bergab. Sie überqueren den Marktplatz und gehen die Straße „Burggraben" (mit dem Bergwerkmuseum) bergab. Rechts stehen das alte Schloss und das neue Rathaus. Am Restaurant „Fachwerkhaus" geht der „Burggraben" nochmals steil bergab, Sie überqueren die Einkaufsstraße „Schlossstraße" und gehen weiter geradeaus durch die „Gartenstraße" zur Endhaltestelle der KVB-Linie 1.

Bizarres Wurzelwerk im Milchborntal

## Von Thielenbruch nach Bensberg

„Schloss und Dorf Bensberg liegen auf einem hohen Berge, von dem man viele Meilen voll Wälder, Äcker und Heiden, in der Ferne eine Strecke Rhein und die berühmten sieben Berge sieht. Wir speisten in einer schönen Laube, dicht an einem Gärtchen voll Blumen, hinter dem Gärtchen öffnete sich ein Teil der großen Aussicht. Ich glaube, dass die Götter dann und wann auf einer silbernen Wolke so ihren Nektar trinken, und die Hälfte der Erde übersehen."

Na ja, göttergleich müssen sich die KÖLNPFAD-Wanderer nicht unbedingt fühlen, aber die prächtige Aussicht vom Bensberger Schloss auf die Kölner Bucht hat auch im 21. Jahrhundert nichts von ihrem Reiz verloren. Die poetischen Sätze stammen von Johann Georg Jacobi, der zusammen mit dem jungen Goethe im Sommer 1774 Bensberg besuchte und schon damals das Panorama von Bonn bis Düsseldorf (!) zu schätzen wusste. Leider mussten im Laufe der Jahrhunderte die Heide und viele Äcker großen und kleinen Häusern weichen, und heutzutage schweben Flugzeuge majestätisch durchs Bild. Dafür haben die KÖNPFAD-Wanderer – im Gegensatz zu Goethe und seinen Freunden – das Privileg, den fertiggebauten Dom in 14 Kilometern Entfernung zu sehen.

Das neue Schloss in Bensberg

Aber wieso endet die achte Etappe des KÖLNPFADs in Bensberg? Schließlich lag die Stadt, die seit der Gemeindereform von 1975 zu Bergisch Gladbach gehört, zu keiner Zeit auf Kölner Stadtgebiet. Diesen Schwenker des KÖLNPFADs ins Bergische Land hat sich Fritz Hoepfner ausgedacht. Der hat nun gar nichts mit Goethe oder Jacobi zu tun, sondern Hoepfner ist einfach „nur" Wanderführer des „Kölner Eifelvereins". Ihm gebührt ein besonderer Dank, denn er hat in stundenlanger Kleinarbeit den Verlauf des KÖLNPFADs ausgearbeitet und anschließend im praktischen Selbstversuch die Domstadt mehrfach umrundet.

Eindeutiger Wegweiser

Für Hoepfner ist diese achte Etappe – die erstaunlich viele Bezüge zu Köln aufweist – die Königsetappe: wegen der Wälder, die wir durchwandern, wegen der einzigen Steigung auf den gesamten 171 Kilometern, die wir bewältigen müssen, um danach den höchsten Punkt der Strecke zu erreichen – ganze 215 Meter über Normalnull im Wald bei Herkenrath – und wegen des Finales auf dem Bensberger Schlossplatz mit dem besten Domblick auf dem gesamten KÖLNPFAD.

Dafür ist der Bauherr verantwortlich, Johann Wilhelm II. von der Pfalz-Neuburg (genannt Jan Wellem), der Anfang des 18. Jahrhunderts bestimmte, dass die Bensberger Dreiflügelanlage auf den Dom auszurichten sei.

Mit dieser Etappe verbindet sich auch gleichzeitig ein Dank an die KÖLNPFAD-Paten. Davon gibt es zurzeit 25, angefangen von A wie Andrack bis zu W wie Wanderabteilung im Turnverein Herkenrath. Sie kümmern sich ehrenamtlich um die Instandhaltung des KÖLNPFADs, und manche, wie die Wanderfreunde aus Herkenrath, haben auch bei der aufwendigen Auszeichnung der Wegstrecke mitgeholfen und selbst Vorschläge für die Wegführung gemacht. So kommt es, dass diese Etappe noch Haus Lerbach und die Rochuskapelle streift.

Wir starten in Thielenbruch am denkmalgeschützten ehemaligen Straßenbahndepot der KVB und gehen durch das Heckteil

Der Wald ist auch zum Walken da

eines ausgemusterten achtachsigen Straßenbahwagens auf den Vorplatz. Hier eröffnete am 27. September 2008 der Kölner Oberbürgermeister Fritz Schramma als Schirmherr offiziell den KÖLNPFAD.

Die achte Etappe verläuft jetzt so weiter, wie die siebte endete: im Wald und am Wasser. Wir wandern am Rand der kleinen Lichtung mit dem dicken Baumstumpf entlang und folgen dem breiten Hauptweg, der noch dicht an den Häusern von Dellbrück vorbei führt und deshalb von Joggern und Spaziergängern rege genutzt wird. Uns begleitet rechts der Umbach, eine uralte Verbindung zwischen dem Kemperbach weiter nördlich und dem Strunder Bach, den wir wenig später am „Gierather Mühlenweg" überqueren. Diese Bachumleitung diente dazu, die Wassermühlen entlang der Strunde zu entlasten und den Bachlauf zu reinigen.

Die hübschen alten Häuser im Bergisch Gladbacher Ortsteil Gierath erinnern daran, dass die Strunde als Deutschlands fleißigster Bach galt. Sie trieb in Mülheim und anderswo zahlreiche Mühlen an, und ihr Wasser, das in Herrenstrunden aus der Erden sprudelt oder strudelt – daher der Name – ließ die Papierindustrie in Bergisch Gladbach erblühen. Aber auch die Bauern in Dellbrück und Holweide vor Wut rot werden, wenn ihre Wiesen mit Zelluloserückständen bedeckt waren und abgespült werden mussten.

Wir haben jetzt schon das Kölner Stadtgebiet verlassen und der weitere Weg – entlang an Wohnhäusern, riesigen Gewerbehallen, durch alte Weiler bis auf die Höhe nach Herkenrath – zeigt das typische Gesicht des Bergischen Landes: Hier verbindet sich das Landschaftsbild der sanften Hügel mit der kulturhistorischen Entwicklung der Region. Alte Kirchdörfer liegen auf der Höhe an uralten Wegen, Weiler oder einzelne Höfe wurden im Tal gebaut, stehen heute nah an ausufernden Industriestandorten, die sich ebenfalls in den Flusstälern ausgebreitet haben. Seit den 1960er Jahren kamen „Schlaf"städte wie Refrath oder Moitzfeld dazu, deren Siedlungen an die Großstadt Köln grenzen, und die dennoch schon im Grünen liegen.

Hier, am Rand des Bergischen Landes, begegnen uns auch die ersten steinernen Wegzeichen des „Kölner Eifelvereins" (KEV). Er gründete sich am 18. Oktober 1888 als „Kölner Eifelclub", einer Ortsgruppe des im Mai desselben Jahres von Adolf Dronke aus der Taufe gehobenen „Eifelvereins" – und spaltete sich in zwei Phasen (1909 und 1994) vom großen Bruder ab. Bei der Gründung ging es den Mitgliedern nicht vorrangig ums Wandern, sondern der „Eifelverein" wollte dem verarmten Landstrich – „Preußisch Sibirien" – wirtschaftlich helfen, unter anderem auch durch die Förderung des Fremdenverkehrs. Bis 1901 verzeichnet die Chronik daher nur eine Wanderung mit drei Mitgliedern.

Der „Kölner Eifelclub", der sich 1903 in „Kölner Eifelverein" umbenannte, kümmerte sich erst ab 1905 um die Pflege bestimmter Wanderstrecken. Das rührige Mitglied Hans Hoitz richtete damals entlang dieser Strecken Schülerherbergen ein, die Vorgänger der heutigen Jugendherbergen. Da diese aber

Umbach mit Absperrvorrichtungen

Der Strunder Bach am Gierather Mühlenweg

nur männlichen Gymnasiasten und Studenten vorbehalten waren, begannen sozial eingestellte Mitglieder des KEV damit, auch Herbergen für Lehrlinge einzurichten. Dieses eigenmächtige Vorgehen ärgerte den übergeordneten „Eifelverein“ und Hoitz. Er gründete daraufhin 1909 eine eigene Ortsgruppe „Köln“ des „Eifelvereins“, die heute noch existiert. Der KEV konterte mit einer Satzungsänderung, und 85 Jahre später – schließlich ging es nur noch ums Geld – etablierte sich der KEV endgültig als selbstständiger Verein. Heute betreut der „Kölner Eifelverein“ (der aus den geschilderten historischen Gründen auf das „Kölner“ im Vereinsnamen besteht) Wanderwege mit einer Länge von rund 350 Kilometern, überwiegend außerhalb Kölns, im Bergischen Land (Kennzeichen: weißer Winkel) und insbesondere Rundwanderwege durch den Königsforst (Kennzeichen: A). Mit dem KÖLNPFAD kommt nach 120 Jahren eine erste linksrheinische Wegstrecke hinzu, die nahezu komplett auf Kölner Stadtgebiet liegt.

Aber zurück zum Weg, der jetzt durch einen schönen Mischwald führt, inklusive Waldameisenbiotop. Die possierlichen Tierchen stehen übrigens schon seit 1792 unter Schutz. Bei dem Wald handelt sich um das Naturschutzgebiet „Gierather Wald“. Es ist groß, knapp 189 Hektar – umgerechnet 264 Fußballfelder –, und es ist jung, steht erst seit 2004 unter Schutz. Landkarten weisen hier auch die Bezeichnung „Schluchter Heide“ auf, obwohl im Naturschutzgebiet mit seinen „standortgerechten Laubwaldbeständen und den naturnah mäandrierenden Bächen“ nichts mehr an eine klassische Heide erinnert. Es liegt aber auf der rechtsrheinischen Heideterrasse, einem zwei bis drei Kilometer breiten und 50 Kilometer langen Landschaftsband zwischen Solingen und Siegburg, der ehemaligen Mittelterrasse des Rheins. Durch die Zersiedelung wirkt

das Band allerdings wie von Motten zerfressen, und nur der Königsforst und die südlich angrenzende Wahner Heide bilden noch größere, zusammenhängende Flächen.
Hinter dem Wald geht es wieder am Siedlungsrand entlang, diesmal berühren wir Refrath, wo wir bei den „12 Aposteln" im ehemaligen Landgasthaus „Kickehäuschen" eine erste Pause einlegen können.
Nachdem wir die „Golfplatzstraße" überquert haben, kommen wir an einem schönen alten Garten mit einem merkwürdig anmutenden steinernem Turm vorbei. Dieses mit Efeu bewachsene Bauwerk, das an den Rapunzelturm aus dem Grimm'schen Märchen erinnert, gehört zum privaten Anwesen der Familie Hehn. Der Bauunternehmer Jakob Hehn errichtete 1941 den Turm, und das ungewöhnliche Baumaterial – verschiedene Steinquader, die er um eine vorhandene Treppe platzierte – stammt aus Köln. Denn Hehn war mit Otto Doppelfeld (1907 bis 1979) befreundet, dem Kölner Archäologen und Altertumswissenschaftler, der seit 1941 die Fundamente des Doms und seiner Umgebung wie kein zweiter umgegraben hat. Dabei förderte er bahnbrechende Funde zutage wie das Dionysos-Mosaik und das Praetorium sowie den römischen Statthalterpalast, die wichtige neue Einblicke in die römische und fränkische Geschichte der Stadt gewährten. Jakobs Sohn Heinz Hehn baute übrigens in Köln von 1957 bis 1959 nach den Plänen des Architekten Hans Schilling die neue Kirche St. Alban am Stadtgarten.
Nach kurzer Wegstrecke durch den Wald erreichen wir die Naherholungsanlage „Saaler Mühle" mit dem Bensberger See in der Mitte, einem großen Spielplatz am Rand und einer Grillhütte, die offiziell angemietet werden kann. Der Park entstand in den 1970er Jahren an historischer Stelle, denn in dieser ehemaligen Grube stand der älteste

Baumriesen im Gierather Wald

Rasthaus an der Saaler Mühle

nachgewiesene Kalkofen in Bergisch Gladbach, erstmals erwähnt 1622 im Testament des Kaspar von Zweiffel. Aber nicht nur Kalk wurde hier abgebaut und gebrannt, sondern gleichzeitig Braunkohle als Brennmaterial, im Volksmund Trass genannt. Vermutlich seit dem 15. Jahrhundert wurde in zahlreichen Weilern, die heute zur Stadt Bergisch Gladbach gehören, Kalk zum Bauen, Düngen, zur Eisenverhüttung und Glasgewinnung gewonnen, den die Bergisch Gladbach-Paffrather Mulde reichlich zu bieten hatte. Entstanden sind diese Kalkablagerungen vor 350 Millionen Jahren im Erdaltertum, dem Devon, aus den Korallenriffen eines flachen, warmen Meeres. Warmes Wasser gibt es wieder seit dem Jahr 2000 an dieser Stelle. Damals wurde das Wellnessbad „Mediterana“ eröffnet, das dicht an den Mühlenpark heranreicht. Die Bauten im mediterranen Stil ragen über die Baumwipfel hinaus und wirken an dieser Stelle im rauen bergischen Klima doch ein wenig fremd. Wasser in gefrorener Form begegnet uns auf der anderen Seite der „Saaler Straße“, in der seit 1979 bestehenden Eissporthalle, die natürlich über ein Restaurant für eine ausgiebige Rast verfügt. Wer dann nicht mehr wandern mag, kann die Etappe an diesem Punkt beenden und mit der Straßenbahn gen Köln fahren.
Der KÖLNPFAD verläuft weiter am Grundstück des „Golf und Land-Club Köln 1906“ entlang. Wie der Name schon vermuten

lässt, wurde der Club – heute satte 80 Hektar schön gepflegte Wald- und Parklandschaft – in Köln gegründet und befand sich zuerst im Innenraum der Pferderennbahn. Die lag damals im Stadtteil Merheim linksrheinisch, der erst 1952 in Weidenpesch unbenannt wurde.

Wenige Meter vom eisernen Eingangstor des Golfclubs entfernt, überqueren wir die ehemalige Bahntrasse von Bergisch Gladbach nach Rösrath, die schon seit 1961 nicht mehr in Betrieb ist – und plötzlich liegt der feine Duft von Schokolade in der Luft. Das ist keine Einbildung, denn die hohen Industriehallen links des KÖLNPFADs gehören zur Firma Krüger, die seit 1971 in Bergisch Gladbach heiße Schokolade, Kaffee, Tee und Vitamintabletten in Pulverform produziert. Mittlerweile gehören mehr als 4.400 Mitarbeiter in zwölf Ländern zum Konzern. Und neben Krüger im Ortsteil Gronau ist noch ein bekanntes Unternehmen beheimatet, der Bastei-Lübbe-Verlag (heute Verlagsgruppe Lübbe), dessen Verleger Gustav Lübbe im Nachkriegsdeutschland die Groschenhefte von Jerry Cotton bis zum Bergdoktor populär machte.

Nach kurzer Wanderung durch den Wald hat uns die Zivilisation schon wieder. Wir überqueren die „Bensberger Straße" und gehen weiter über den Friedhof im Ortsteil Heidkamp. Diese Wegführung ist keine Notlösung, um weniger Asphalt und mehr weiche Erde unter den Füßen zu spüren, sondern der katholische Friedhof ist erweitert worden, ohne auf das alte Wegerecht des „Kölner Eifelvereins" (KEV) Rücksicht zu nehmen. Und so führt der KEV-Wanderweg Nummer 16 von Brück nach Bergisch Gladbach über den Friedhof – und der

Rastplatz an der alten Bahnlinie von Bergisch Gladbach nach Rösrath

Paradies für Tiere und Pflanzen: Naturschutzgebiet Grube Cox

KÖLNPFAD ebenfalls ein Stück. Am Ende des Friedhofes befindet sich eine Eisentür, die für Wanderer stets unverschlossen sein muss – was auch funktioniert.
Wir sind jetzt im Lerbacher Wald, und an dieser Stelle lohnt ein kurzer Abstecher ins Naturschutzgebiet „Grube Cox" (einfach den Holzpfählen mit den roten Köpfen folgen), das nur wenige Schritte abseits des KÖLNPFADs liegt. Das Gebiet ist klein (knapp 22 Hektar), aber fein, denn der Wechsel von trockenen, sandigen Hängen und feuchten Flächen rund um die vier Tümpel lockte nach Stilllegung der Grube 1985 gefährdete Tiere wie die Ringelnatter und die Zauneidechse an. Seit 1969 wurde hier Dolomit abgebaut. An dieser Stelle war das Gestein der Bergisch Gladbach-Paffrather Mulde zudem noch besonders eisenarm und eignete sich hervorragend für die Herstellung von hochwertigem Spiegelglas, das in Porzer Glaswerken geschmolzen wurde. Eigentlich sollte die Grube nach dem Ende des Abbaus verfüllt werden, aber Schlangen, Kröten, Haubentaucher und auch Sandbienen fühlten sich in der Brache wohl – und leider auch der Mensch, der das seit 1996 unter Schutz stehende Gebiet im Sommer gerne zum Schwimmen, Grillen und Mountainbike fahren nutzt. Diesen Konflikt wollen die obersten Naturschützer des Rheinisch-Bergischen-Kreises nicht nur mit der Verhängung von Bußgeldern lösen, sondern sie setzen auf die Einsicht der Besucher. Des-

halb gibt es einen Rundweg (markierte Holzpfähle) mit Informationstafeln und Aussichtspunkten, der dabei helfen soll, bestimmte Sperrgebiete dauerhaft von zweibeinigen Besuchern frei zu halten.
An der Straße „Lerbacher Weg" treten wir aus dem Wald heraus, und vor unseren Füßen breitet sich das Bergische Land in seiner bescheidenen Schönheit aus: Sanften Wellen gleich neigen sich mächtige Laubbäume über die kräftig grünen Wiesen am Hang, die im Sommer von den Schwarzbunten klein gehalten werden. Zaunpfähle sind von Wind und Regen zwar gebeugt, stehen dennoch unverrückbar und fest in der Erde an ihrem Platz. Im Tal des Lerbaches hat auch Haus Lerbach seinen Platz, 1900 von den Eheleuten Richard Zanders und Anna von Siemens im englischen Landhausstil gebaut, mit Anleihen an die bergische Bautradition. Die Geschichte von Haus und Grundstück – heute ein 28 Hektar großer Park – ist wesentlich älter, reicht bis ins 13. Jahrhundert zurück. 1992 wurde schließlich aus Haus Lerbach – das immer noch im Besitz der Familie Siemens ist – das Schlosshotel „Lerbach" mit Platz für (kostspielige) „lukullische Flirts, rauschende Feste und romantische Wochenenden", wie es im Werbeprospekt so schön heißt. Seit dieser Zeit ist insbesondere das Gourmet-Restaurant im Luxushotel in aller Munde, weil dort Dieter Müller so lecker kocht, dass er sich seit 1997 mit drei Michelin-Kochsternen schmücken

Früher nur Haus Lerbach, schon lange Schlosshotel Lerbach

Bergisches Land mit schwarz-bunten Kühen

darf. Im Jahr 2008 hat sich der Maestro allerdings aus der Küche zurückgezogen, ist aber weiter als „Patron-Chef" präsent. Doch Wanderer sind bescheiden, begnügen sich mit einem Blick in den perfekt gepflegten Park und genießen lieber die Aussicht als das Perlhühnchen. Die Sicht auf Köln gibt es nach einem Kilometer „Aufstieg" zur Rochuskapelle oben auf der Höhe in „Breite". Noch zwei Tipps im Tal: 400 Meter vom Bauernhof „Gut Lerbach" entfernt in Kaltenbroich entspringt der Lerbach in einer Karstquelle, die als Naturdenkmal ausgewiesen ist. Bis 1955 war diese Stelle öffentlicher Waschplatz der Kaltenbroicherinnen. Und im Bauernhof steht seit 2011 eine Milchtankstelle. Dort kann Rohmilch gezapft werden – centgenau abgerechnet.

Die Rochuskapelle, beschirmt von mächtigen Linden und Eichen, ist ein wunderbarer, wenn auch windiger Rastplatz. 1684 ließ Johann Philipp Theodor Freiherr Leers von Lerbach das Fachwerkkirchlein errichten. Es ist dem Schutzpatron der Pestkranken geweiht, weil auch in seiner Familie die Seuche gewütet hatte.

Jetzt müssen wir leider einen Kilometer lang an der viel befahrenen Straße nach Herkenrath wandern (hier lässt sich die Etappe auch beenden), bevor wir – kurz vor dem Wiesenweg zur Herkenrather Kirche – in den Wald abbiegen, um durch die ehemalige Grube Blücher zum Naturfreundehaus zu wandern. Natürlich darf an dieser Stelle nicht der Hinweis auf den Besuch der Pfarrkirche St. Antonius Abbas in Herkenrath fehlen, die immerhin seit mehr als 1.000 Jahren auf einem kleinen Bergsporn thront. Zuerst gab es jedoch nur eine kleine Saalkirche. Im 12. Jahrhundert – damals war die Herkenrather Kirchengemeinschaft gegenüber der Benediktinerabtei in Deutz abgabepflichtig – errichteten die Lehnsherren von Dorendorp über den alten Fundamenten eine romanische Gewölbebasilika, die von 1892 bis 1896 und nochmals von 1962 bis 1964 erweitert wurde. Heute besticht das Gotteshaus durch die gelungene Verbindung von Alt und Neu und insbesondere durch die farbigen Kirchenfenster der isländischen Künstlerin Gerdur Helgadottir.

Aber noch ein Künstler hat seine Handschrift hinterlassen, der später auch in Köln wirkte: Der gebürtige Dürener Hermann Gottfried malte 1977 den neuen Kirchenteil aus. Von 1988 bis 1993 gestaltete er auch die Konchen und das Gewölbe um den Altar der romanischen Kirche St. Aposteln in Köln am Neumarkt.

Aber Herkenrath hat nicht nur eine schöne Kirche zu bieten, sondern auch einen wunderbaren Buchenwald, der bis an die ehemalige Grube Blücher reicht. Auf dem Weg dorthin überschreiten wir den höchsten Punkt des KÖLNPFADs – besagte 215 Meter über Normalnull.

Rochuskapelle auf der Höhe bei „Breite“

Amphitheater in der ehemaligen Grube Blücher

Kurz vor dem ehemaligen Steigerhaus der Grube fällt der rote Bach auf, der mitten auf dem Weg entspringt. „Der verletzte Berg blutet" nannten die Einheimischen dieses Phänomen beim Bergbau. Wasserläufe kommen unterirdisch mit Eisenerz in Berührung, dem „Eisernen Hut", einer Schicht, die kleinere Spuren von Eisenerz enthält, und über dem eigentlichen Zink- und Bleierzvorkommen liegt. Tritt das Wasser aus dem Berg, verbindet es sich an der Erdoberfläche mit Sauerstoff, oxidiert, verrostet sozusagen. Das Wasser färbt sich rötlich.
Im Berg befinden sich immer noch Reste von Eisen-, Blei- und Zinkerz, die im 19. Jahrhundert im großen Stil hier abgebaut wurden. Denn so wie Bergisch Gladbach seine Kalkvorkommen ausbeutete, gruben die Bensberger schon seit dem Mittelalter nach Metallerzen, zuerst nach Eisen, Kupfer, Blei und Quecksilber, später boomte Zinkerz. Seine Blütezeit erlebte das Montangewerbe im 19. Jahrhundert. Um 1880 gab es im Bensberger Erzrevier immerhin 28 Gruben mit rund 3.000 Beschäftigten, mit den Gewerken rundherum hatten mehr als 10.000 Menschen ihr Auskommen im Bergbau. Zu den bekanntesten zählen die Gruben Weiß und Berzelius bei Moitzfeld und die Grube auf dem Lüderich.
Die Grube Blücher beispielsweise existierte von 1847 bis 1893.

Aus insgesamt 13 Grubenfeldern im Waldgebiet der Hardt beförderten zu Hochzeiten 280 Arbeiter die Zink-, Blei- und Kupfererze zutage. Bis in die 1950er Jahre wurden die Abraumhalden sogar nochmals nach Resten von Zinkerz durchsucht. Seit 1958 ist das ehemalige Verwaltungsgebäude (das Steigerhaus) der Grube Blücher unter dem Namen „Haus Hardt" ein Naturfreundehaus (mit schönem Kinderspielplatz), das 30 Betten zum Übernachten parat hält. Aufgrund seiner unspektakulären Ausstattung und den freundlichen Herbergseltern, dem Ehepaar Eisenhuth, ist es immer für eine gemütliche Einkehr zu empfehlen.

Von Haus Hardt geht es die beiden letzten Kilometer im Wald durchs Milchborntal (mit Freibad und Waldhotel) zum Schloss. Bevor der prächtige Barockbau und die Pfarrkirche St. Nikolaus durch die Bäume schimmern, führt der KÖLNPFAD noch zum „Franzosenfriedhof" und der „Ruhestaette österreichischer Krieger" mitten im Wald. Ein schlichtes Eisenkreuz – 1861 von A. Müller errichtet, einem französischen („un Compatriote") Ingenieur und Besitzer einer Zinkhütte – erinnert an die Soldaten Napoleons, die nach dem gescheiterten Russlandfeldzug schließlich in Bensberg im Lazarett starben, das im Frühjahr 1813 – wieder einmal – im Schloss aufgeschlagen worden war. Bereits 19 Jahre vorher, während der Revolutionskriege 1794, diente das prächtige Gebäude erstmals als Soldatenkrankenhaus, in dem 3.000 Österreicher fern der Heimat an Typhus starben. 1854 stiftete Kaiser Franz Josef die Stele aus Sandstein, die an seine toten Landsleute erinnert.

Das traurige Schicksal als Lazarett hätte Jan Wellem seinem Jagd- und Lustschloss sicherlich nicht gewünscht. Denn der Kurfürst hatte die Residenz des Sonnenkönigs Lud-

Willkommen im Naturfreundehaus Hardt

Eisernes Kreuz am Franzosenfriedhof

wig XIV. in Versailles im Sinn, als er den italienischen Baumeister Matteo Alberti beauftragte, ein neues Schloss in Bensberg zu bauen. Die Arbeiten begannen 1703, aber als Jan Wellem 1716 starb, war das barocke Schloss noch nicht fertiggestellt. Seine Nachfolger hatten jedoch weder Interesse am Weiterbau noch an der Nutzung des Gebäudes. Die wertvollen Ausstattungsstücke und die Kunstsammlungen von Jan Wellem und seiner zweiten Frau Anna Maria Luisa de Medici wurden auseinander
gerissen – oder auch einfach verheizt. So war der imposante Gebäudekomplex mal Lazarett, mal Kadettenanstalt der Preußen, mal Obdachlosenheim und nationalsozialistische Erziehungsanstalt, nach dem Zweiten Weltkrieg Kaserne und später Schule der belgischen Streitkräfte. Seit 2000 hat das Barockschloss allerdings wieder etwas von seiner alten Pracht zurück erhalten. Seitdem beherbergt es das Grandhotel „Schloss Bensberg" mit fünf Sternen – der genussfreudige Jan Wellem hätte sich dort sicherlich wohl gefühlt.
Nachdem wir uns satt gesehen haben am Panorama der Kölner Bucht, gehen wir das letzte Stück der Etappe gemächlich durch den Burggraben zur Endhaltestelle der Straßenbahnlinie 1. Schöne alte bergische Häuser mit Fachwerk und Schiefer säumen die Straße, die uns auch an den Resten des alten Schlosses vorbeiführt und dem 1971 eingeweihten neuen Rat-

haus aus Beton direkt daneben. Der Entwurf stammt von dem Kölner Architekten Gottfried Böhm, der mutig und gekonnt Alt mit Neu verknüpfte.
Gegenüber vom Rathaus befindet sich das kleine, aber feine „Bergische Museum für Bergbau, Handwerk und Gewerbe" im Türmchenhaus, einem spätgotischen Bruchsteinhaus mit Fachwerkanbau. Es ist ein Freilichtmuseum, das nicht nur ein

Lokal im Fachwerkhaus in Bensberg

Mach mal Pause, nicht nur sonntags

**Länge:** 18 Kilometer

**Dauer:** 5 Stunden, 30 Minuten

**Profil:** Überwiegend flach mit einer Steigung im engen Wiesenweg, daher nicht geeignet für Kinderwagen.

**Anfahrt:** mit den KVB-Linien 3 und 18 bis Endhaltestelle „Thielenbruch"

**Karte:** topografische Karte 1 : 25.000, Blatt 5008 (Köln-Mülheim), 5009 (Overarth)

## Abkürzungen:

**Kilometer 8:** Von der „Saaler Mühle" können Sie entweder die „Saaler Straße" nehmen bis zur „Ferdinand-Schmitz-Straße", in die Sie rechts einbiegen. Dann erreichen Sie die KVB-Haltestelle „Neuenweg". Oder Sie gehen von der Grillhütte der „Saaler Mühle" weiter am See entlang bis zu einer Weggabelung mit Kletterspinne. Hier nehmen Sie den Weg nach links, vom See weg, gehen nach 50 Metern an der Hütte rechts und folgen dem Hauptweg durch den Wald bis zur nächsten Hütte. An der dann folgenden Kreuzung gehen Sie geradeaus, bis Sie am Rand der Siedlung an der „Ottostraße" ankommen. Hier gehen Sie links und erreichen nach 100 Metern die KVB-Haltestelle „Kippekausen".

**Kilometer 14:** In „Breite" liegt die gleichnamige Haltestelle der Buslinie 453 des RVK in Richtung Oberkühlem. Der Bus ist in 15 Minuten am S-Bahnhof in Bergisch Gladbach.

## Einkehrmöglichkeiten:

**12 Apostel im Kickehäuschen** www.12apostel-restaurant.de
Kicke 18, 51427 Bergisch Gladbach, Tel. 0 22 04-2 10 22
Öffnungszeiten: täglich 11–24 Uhr

**Bigfood-Restaurant** (mit Biergarten)
in der Eissporthalle Bergisch Gladbach
Saaler Straße 100, 51429 Bergisch Gladbach, Tel. 0 22 04-6 93 02
Öffnungszeiten: Mo–Fr 11–23 Uhr, Sa/So 10–24 Uhr

**Schlosshotel Lerbach** www.schlosshotel-lerbach.com
Lerbacher Weg, 51465 Bergisch Gladbach, Tel. 0 22 02-20 40

**Waldhotel Mangold** www.waldhotel.de
Am Milchborntal 39, 51429 Bergisch Gladbach,
Tel. 0 22 04-9 55 50

**Grandhotel Schloss Bensberg** www.schlossbensberg.com
Kadettenweg, 51429 Bergisch Gladbach, Tel. 0 22 04-4 20

## Allgemeine Informationen:

Die **Grillhütte** der „Saaler Mühle" kann bei der Bergisch Gladbacher Stadtverwaltung unter der Telefonnummer 0 22 02-14 13 78 von April bis Oktober gemietet werden.

**Mediterana** www.mediterana.de
Saaler Mühle 1, 51429 Bergisch Gladbach, Tel. 0 22 04-20 20
Öffnungszeiten: Sauna- und Wellnessbereich täglich 9–24 Uhr,
Badebereich täglich 9–22.30 Uhr
Eintritt: ab 12,- Euro, Kinder bis 3 Jahre frei

Der Umbach bei Dellbrück

**Eissporthalle Bergisch Gladbach**
www.eissporthalle-bergisch-gladbach.de
Saaler Straße 100, 51429 Bergisch Gladbach, Tel. 0 22 04-6 47 48
Öffnungszeiten: Mo 14–17 Uhr, Di 10–12 Uhr, 15–17 Uhr, Mi/Do 10–12 Uhr, 14–17 Uhr, Fr 20.30–22.30 Uhr (Disco), Sa 10–12 Uhr, 16–19 Uhr (Disco), So 10–12 Uhr, 13–15 Uhr, 16–20 Uhr (Disco)
Eintritt: Erwachsene 5,- Euro, Kinder bis 15 Jahre 4,- Euro, Disco 1,- Euro Zuschlag

**Golf und Land-Club Köln** www.glckoeln.de
Golfplatz 2, 51429 Bergisch Gladbach, Tel. 0 22 04-6 61 22
Der Zutritt ist nur Mitgliedern erlaubt.

Die **Rochuskapelle** an der Verbindungsstraße (L 329) zwischen Bergisch Gladbach und Herkenrath ist nur von außen zugänglich.

**Katholische Pfarrkirche St. Antonius Abbas**
Im Frohnhof 28, 51429 Bergisch Gladbach,
Pfarramt Tel. 0 22 01-8 18 76
Die Kirche ist tagsüber geöffnet und kann außerhalb der Gottesdienste besichtigt werden. Gottesdienste: So 10.30 Uhr, Mo/Do 18.30 Uhr, Fr 9 Uhr, Andachten: Mo/Do 18 Uhr

**Naturfreundehaus Hardt** www.naturfreunde-koeln.de
Hardt 44, 51429 Bergisch Gladbach, Tel. 0 22 04-86 75 58
Öffnungszeiten: täglich 10–18 Uhr. Das Haus verfügt über 28 Betten mit Voll- oder auch Selbstverpflegung in acht Zimmern.

**Freibad Milchborntal** www.freibad-milchborntal.de
Milchborntalweg 69, 51429 Bergisch Gladbach,
Tel. 0 22 04-5 39 55
Öffnungszeiten: in der Sommersaison täglich 10–20 Uhr
Eintritt: Erwachsene 4,50 Euro, ermäßigt 3,50 Euro

**Bergisches Museum für Bergbau, Handwerk und Gewerbe**
www.bergischesmuseum.de
Burggraben 9–21, 51439 Bergisch Gladbach, Tel. 0 22 04-5 55 59
Öffnungszeiten: Di–Fr 10–17 Uhr, Sa/So 11–18 Uhr, Mo geschlossen. Eintritt: Erwachsene 2,- Euro, ermäßigt 1,- Euro

Das alte Bruchsteinhaus beherbergt das Bergbaumuseum

# Etappe 9

## Der königliche Forst

### und ein Stückchen Wahner Heide

Links: Der Wolfsweg im Königsforst
Links oben: Futterhäuschen am Giesbach

# WEGBESCHREIBUNG 9

**Von den Gleisen der Endhaltestelle der Linie 1** gehen Sie die Treppe hoch bis zur Straße. Sie wandern am Busbahnhof vorbei, circa 100 Meter die „Steinstraße" entlang bis zur Kreuzung mit der „Friedrich-Offermann-Straße". Sie gehen rechts bergab in die „Friedrich-Offermann-Straße" und folgen dieser bis zum Ortsausgang von Bensberg.

**50 Meter hinter dem Ortsausgangsschild** biegen Sie in den ersten Weg nach rechts ein, in den Königsforst. Sie folgen dem Hauptweg bis zur ersten Gabelung und gehen hier links. (Wenn Sie nach rechts gehen, kommen Sie zum Forsthaus Broichen.) Sie gehen unter der A 4 durch, und nach circa 200 Metern, an der nächsten Gabelung, wenden Sie sich nach rechts (Fahrradrouten Richtung Refrath/Frankenforst).

**Am nächsten Wegedreieck**, nach circa 200 Metern, gehen Sie nach links. (Wenn Sie hier rechts und circa 300 Meter parallel zur Autobahn gehen, erreichen Sie das Stiftergrab.) Der Weg führt Sie rechts an Kettners Weiher vorbei. An der folgenden Kreuzung gehen Sie geradeaus, überqueren im Verlauf des Weges einen Bach, und am Ende der sich anschließenden Rechtskurve biegen Sie nach links in einen schmalen Waldweg ein und wandern ein wenig bergauf.

**Nach 50 Metern** erreichen Sie eine Schutzhütte mit einer alten Eiche. An der Hütte gehen Sie wenige Schritte weiter bergauf bis zum Hauptweg. Hier wandern Sie halblinks und erreichen

Winter im Königsforst

nach weiteren 50 Metern die Kreuzung von „Wolfsweg“ und „Pionierhüttenweg“. Sie gehen rechts in den „Wolfsweg“ und weiter leicht bergauf bis zum „Monte Troodelöh“.

**Sie gehen weiter geradeaus**, an der nun folgenden Kreuzung wiederum geradeaus, ebenso an der nächsten Kreuzung, die nach 200 Metern kommt, und auch an der dritten Kreuzung. Bald gelangen Sie an eine große Schutzhütte mit Wassertretbecken, der „Carstens“-Eiche und einer Wegspinne.

Bach im Buchenwald

**An dieser Wegspinne** gehen Sie geradeaus (am Baum mit dem weißen „K“) bis zur Kreuzung „Lützeler Weg“/„Schnacke Linie“. Hier gehen Sie rechts die „Schnacke Linie“. (Zum Landgasthof „Heidenblick“ führt der „Lützeler Weg“ 700 Meter geradeaus.) Sie folgen der „Schnacke Linie“ geradeaus, überqueren den geteerten „Rennweg“ und gehen bis zu einer Kreuzung mit einer kleinen Schutzhütte. An dieser Kreuzung gehen Sie nach links. (Wenn Sie hier rechts gehen und dem KEV-Weg 4 folgen, gelangen Sie in 30 Minuten zur Endhaltestelle „Königsforst“ der KVB-Linie 9, die bis zum Neumarkt fährt).

**Sie folgen dem Weg** circa 300 Meter, bis Sie an einen Holzzaun kommen. Hier gehen Sie nach links und weiter geradeaus, bis Sie wieder auf den asphaltierten „Rennweg“ treffen. Sie gehen rechts 50 Meter den „Rennweg“ bis zur „Rösrather Straße“, die Sie überqueren. (Achtung: stark befahren!) Sie gehen geradeaus in den Zufahrtsweg zur „Baumschule Königsforst“ und überqueren am Ende des Weges das einspurige Bahngleis.

**Sie gehen weiter** geradeaus über die Brücke, die über die A3 führt. Am Ende der Brücke, bei der ersten Gabelung, gehen Sie

Rastplatz am Erna-Schreiber-Weg

rechts und gleich links in den Weg, der mit einer gelben Libelle auf schwarzem Grund gekennzeichnet ist. An der nächsten Gabelung wandern Sie nach links.

**Sie folgen dem Weg**, der am Pionierbecken (mit kleinem Ausguck) vorbei führt. An der nächsten Kreuzung gehen Sie rechts in den „Mühlenweg“. An der folgenden Kreuzung (mit Schild „Wasserschutzgebiet“) wandern Sie links, circa einen Kilometer, bis Sie zu einer Wegspinne mit einer großen Eiche gelangen.

**An dieser Wegspinne** gehen Sie rechts und an der nächsten kleinen Kreuzung geradeaus. Jetzt heißt der Weg „Am Bähnchen“. Am Ende des Weges erreichen Sie die „Alte Kölner Straße“, die Sie überqueren. Sie gehen rechts 30 Meter bis zur Kreuzung mit dem „Grengeler Mauspfad“. Hier wandern Sie links und circa einen Kilometer den Mauspfad entlang durch Grengel.

**In Grengel** biegen Sie rechts in den „Birkenweg“ ein und gehen nach circa 50 Metern links zwischen Häusern an einem Bach entlang, bis Sie die nächste Straße erreichen. Das ist die „St.-Anno-Straße“, die Sie rechts gehen bis fast zur Kirche „Mariä Himmelfahrt“. Kurz vor der Kirche biegen Sie nach links ab und gehen am Bachlauf entlang bis zum Stadtweiher.

**Sie gehen rechts** am Stadtweiher vorbei, passieren einen Picknick-Pilz und gehen geradeaus am Kanal entlang zur „Hermann-Löns-Straße“. Sie überqueren die Straße, gehen geradeaus und danach rechts am nächsten Weiher entlang. An der Abzweigung am Ende des Weihers gehen Sie rechts, nach 100 Metern an der nächsten Kreuzung links und nach weiteren knapp 100 Metern wieder rechts.

**Nach 50 Metern gehen** Sie links und weiter geradeaus bis zum Sportplatz. Hier gehen Sie rechts am Zaun entlang bis zur nächsten Ecke des Sportplatzes. Dort gehen Sie links und weiter am Zaun des Sportplatzes entlang. Fast am Ende des Sportplatzes zweigt der Trampelpfad rechts ab und führt weiter durch den Wald (stets rechts halten) bis zum Reiterhof an der „Schützenstraße".

**Sie gehen die „Schützenstraße"** nach links circa 100 Meter, bis Sie die „Nachtigallenstraße" erreichen. Hier wandern Sie nach rechts und folgen der „Nachtigallenstraße" circa einen Kilometer durch den Stadtteil Wahnheide bis zur „Frankfurter Straße". Sie überqueren die „Frankfurter Straße" am Kreisverkehr und gehen geradeaus in die Straße „Am Bahnhof".

**Nach 100 Metern** erreichen Sie die „Poststraße", der Sie nach links folgen. Nach 50 Metern gehen Sie halb rechts in die Straße „Auf dem Düppel". Sie gehen weiter geradeaus und kommen automatisch in die „Burgallee". Nach 200 Metern geht rechts der Weg ab zum S-Bahnhof „Wahn". Nach weiteren 100 Metern geradeaus geht es links zur Burg Wahn.

Naturwaldzelle im Königsforst

## Von Bensberg nach Wahn

Mitten im Beton befindet sich die ganze Prominenz der Wanderwege: Der „Westerwald-Verein", der „Sauerländische Gebirgsverein" und der „Kölner Eifelverein" haben sich am Ausgang der etwas überdimensionierten Endhaltestelle der Linie 1 in Bensberg verewigt. Unübersehbar prangen die weißen Wanderzeichen auf dem silbernen Metall der Laternenpfähle. Sie verweisen darauf, dass nicht weit von dieser neuzeitlichen Betonorgie entfernt der Königsforst beginnt, das grüne Wohnzimmer der Kölner. Die neunte Etappe durch das beliebte Naherholungsgebiet ergibt zusammen mit der Wegstrecke durch den nördlichen Zipfel der Wahner Heide eine schöne Waldwanderung – inklusive der Gipfelbesteigung des „Monte Troodelöh", der höchsten Höhe auf Kölner Stadtgebiet. Das abschließende Gedrängel durch Grengel und Wahnheide ist leider weniger anregend. Das liegt daran, dass sich der „Köln Bonn Airport" zu sehr in der Wahner Heide ausgebreitet hat und einen Durchmarsch unmöglich macht. Dafür gibt's zum Schluss als Schmankerl das Ensemble von Schloss Wahn mit dem hübschen Eltzhof.

Über die „Friedrich-Offermann-Straße" (genau der mit der Lederwarenfabrik) gelangen wir recht zügig an den Rand von Bensberg. Unterwegs prangt – wie eine Trutzburg auf dem Hügel – das „Kardinal-Schulte-Haus" über uns. Das ehemalige

Der Wald ist auch Wirtschaftsfaktor: Traktor im Königsforst

Winterwanderung im Königsforst

Priesterseminar wurde von 1926 bis 1929 erbaut. Ein Großfeuer beschädigte im Februar 1980 erhebliche Teile des Gebäudes, das seit der anschließenden Sanierung vom Kölner Erzbistum als Tagungszentrum genutzt wird.
Die Häuser werden kleiner, die Grundstücke größer – der Königsforst beginnt. Damit ist das zusammenhängende Waldgebiet gemeint, das rund 3.500 Hektar umfasst und sich auf vier Stadtgebiete erstreckt: Die westliche Hälfte gehört zu Köln, den Osten teilen sich – von Nord nach Süd – Overath, Bergisch Gladbach und Rösrath. Der KÖLNPFAD führt fast durch die Mitte des „Kuningesvorst", wie der Wald erstmalig auf einer Urkunde aus dem Jahr 1003 genannt wird. Die Datierung ist zwar mittlerweile umstritten, aber den „Wald des Königs" gibt es – unbestritten – schon seit 455 nach Christus. Damals eroberten die Franken das römische Köln samt seinem Umland. Die Stadt wurde Sitz der ripuarischen Könige und der Wald – zum Königsforst. Bei diesem Namen blieb es, auch als der Baumbestand 958 in Kirchenhand überging. Damals schenkte Kaiser Otto I. den Forst seinem Bruder Brun (Bruno I.), Kölner Erzbischof von 953 bis 965. Viel später gehörten die Bäume zum Herzogtum Berg, danach den Preußen und seit 1946 dem Land Nordrhein-Westfalen.
Doch die Jahreszahl 2000 ist für uns naturverbundene Wanderer wichtiger. Seitdem stehen insgesamt 2.519 Hektar Königsforst unter Naturschutz, sind sogar als Flora-Fauna-Habitat in ein europaweites Schutzgebietsnetz eingebunden. Das liegt daran, dass der Wald im Übergangsbereich zwischen der Köl-

Fichte vom Sturm gefällt

ner Bucht, einem Ausläufer der niederrheinischen Bucht, und dem Rheinischen Schiefergebirge liegt, zwischen Flachland und Bergland, zwischen trocken-sandigen und feucht-moorigen Böden und somit eine außerordentliche Vielfalt von Pflanzen und Tieren hier zu Hause sind. Die jahrhundertelange, intensive forstwirtschaftliche Nutzung hat zwar naturnahe Lebensräume fast vollständig zerstört. Aber mit der Unterschutzstellung soll die Trendwende geschafft werden, soll das, was an seltenen Pflanzen und Tierarten übrig blieb, zur Wiederherstellung der Kulturlandschaftsbiotope genutzt werden.
Aber in solchen Situationen ist auf Mutter Natur Verlass. Denn Stürme wie „Wiebke" und „Lothar" in den 1990er Jahren und zuletzt „Kyrill" Anfang 2007 sorgten dafür, dass die seit dem 19. Jahrhundert intensiv angepflanzten Nadelbäume, die „Prüüßeboome" (Preußenbäume) umgeblasen wurden und Platz schafften für die Aufforstung mit standortgerechten Laubbäumen. Außerdem ergaben sich Freiflächen für eine natürliche Entwicklung der Vegetation. Auch die von Menschenhand angelegten Naturwaldzellen sollen dafür sorgen, dass sich der ursprüngliche Wald wieder ausbreiten kann.
Dass der Königsforst an vielen Stellen schon „ewig" mit Laubholz bestockt war, insbesondere mit Eichen und Buchen, mer-

ken wir, sobald wir den Wald betreten. Es fühlt sich so an, als seien die Buchen schon immer da gewesen – es passt. Was die Freude allerdings ein wenig trübt, ist der Lärm der A 4, die 1965/66 durch den Wald gebaut wurde. Der Königsforst grenzt an den Ballungsraum Köln, und das Straßen- und Wegenetz, das ihm bedrohlich nahe gerückt ist, ist Abbild der wirtschaftlichen Entwicklung der umgebenden Städte.
Aber seien wir froh, dass wir den Wald haben. Auch wenn mancher über seine „Wanderautobahnen" schimpft, über die breiten, glatten Wege, die schon so etliche Tritte aushalten mussten. Der Königsforst hat über die Jahrhunderte viel erleiden müssen als Nutz-, Schutz- und nicht zuletzt als Erholungswald. Dafür hat er sich noch gut gehalten.
Damit das auch in Zukunft so bleibt, hat die Landesforstverwaltung Nordrhein-Westfalen im Jahr 2007 einen Bodenlehrpfad angelegt, der vom Forstamt Broichen in sechs Stationen mitten in das Herz des Königsforstes hinein führt und das Bewusstsein für die Ressource Boden schärfen will. Schon viel älter ist der einzige Waldlehrpfad, der am Forsthaus Rath (Endhaltestelle der KVB-Linie 9) beginnt.
Zum Wald gehört auch Wasser, und das begegnet uns in seiner schönsten Form als mäandernder Bach schon zu Beginn der Wanderung, im weiteren Verlauf als größere Ansammlung in Kettners Weiher (benannt nach dem königlichen Oberförster Otto Kettner) und später – nützlich für die Gesundheit – als

Eis auf Kettners Weiher

Des Stifters Hunde ruhen neben Josef Hubert Hausmann

Wassertretbecken am Giesbach mit großer Rasthütte, das im Städte-Dreieck von Köln, Bergisch Gladbach und Rösrath liegt. Hier steht übrigens auch vor einer Gruppe immergrüner Eiben die „Carstens"-Eiche, die Bundespräsident Karl Carstens (Amtszeit von 1979 bis 1984) während einer seiner Wandertouren in den 1980er Jahren pflanzte.

An noch zwei anderen Kuriositäten führt der KÖLNPFAD im Königsforst entlang: einem Stiftergrab und dem „Monte Troodelöh". Stifter Josef Hubert Hausmann hat es geschafft, dass sein Grab nicht auf einem Kölner Friedhof zu finden ist, sondern im Königsforst, nicht weit von der A 4 entfernt. Hier liegt der Wagner-Fan seit 1932 mit seinen Hunden Nothung (Grabesinschrift: „Dem Treuesten der Treuen") und Frohwalt („Mein stolzer Liebling") begraben. Sonderling Hausmann vermachte dafür den Stadtvätern sein Geld, seine Häuser und sein Waldstück im Königsforst. Der Erlös dieser Stiftung kommt Musikstudenten „mit sittlich einwandfreiem Lebenswandel" zugute. Im Gegenzug wünschte sich Hausmann die Grabstätte der etwas anderen Art in seinem Wald, zusammen mit seinen beiden Deutschen Doggen. Jedes Jahr an Allerheiligen ehrt die Stadt Köln seitdem ihren eigenwilligsten Stifter mit einem Kranz.

Wassertretbecken am Giesbach

Hölzerne Wegweiser im Königsforst

Nach Kettners Weiher wandern wir ein Stück den Wolfsweg entlang, der an den Urahn unserer Haushunde erinnert. Wölfe gab es insbesondere während des 30-jährigen Krieges reichlich im Königsforst. Der Weg markiert gleichzeitig die Stadtgrenze zwischen Köln und Bergisch Gladbach und führt zum höchsten Punkt auf Kölner Stadtgebiet, dem „Monte Troodelöh", genau 118,04 Meter über Normalnull.

„Vier Männer, offensichtlich erschöpft, kämpfen sich den Wolfsweg hinauf, drei von ihnen unbeschwert, einer beladen wie ein fetter Yak: Michael Trost, Friedrich Dedden, Kai Löhmer und ihr treuer Sherpa Longway. Stunden vorher sind sie am Rheinufer aufgebrochen, haben sich durch Deutz, Kalk, Höhenberg, Merheim und Brück bis hierhin durchgekämpft ..." So klingt es, wenn sich drei Beschäftigte der Kölner Stadtverwaltung aufmachen, um den höchsten, noch namenlosen Punkt im Stadtgebiet zu erobern. Denn bis zu diesem denkwürdigen 12. November 1999 interessierte sich niemand ernsthaft für die schlichte Landschaftserhebung im Königsforst. Nach Erstbesteigung und großem Bergfest mit Taufe des Gipfelkreuzes stehen jetzt dort ein Findling mit Bronzeplatte, eine Bank und ein Gipfelbuch mit Stempel. Die Höhe am Wolfsweg hat einen Namen (zusammengesetzt aus den Nachnamen der Erstbesteiger), und die Geschichte des „Monte Troodelöh" wird endlos und weltumspannend weitergehen, denn die besten Einträge im Gipfelbuch erscheinen auf der bergeigenen Homepage.

Jetzt wandern wir die nächsten Kilometer geradeaus, bevor wir den Königsforst verlassen. Natürlich gibt es in einem so

alten Naherholungsgebiet auch eine Vielzahl von Ausflugsgaststätten. Knapp einen Kilometer vom KÖLNPFAD entfernt, bietet sich der gemütliche Landgasthof „Heideblick“ an (mit Spielplatz) und am Übergang zur Wahner Heide das ehemalige Waldhaus „Königsforst“, heute Restaurant und Bar „Asado“. Zuvor überqueren wir erst noch den asphaltierten „Rennweg“, dessen Name in Verbindung steht mit einer Ausgrabung aus dem Jahr 1936. Damals wurden beim Bau der A 3 nahe beim Waldhaus „Königsforst“ drei Eisenschmelzöfen gefunden, die belegen, dass um Christi Geburt ein Germanenstamm dort Raseneisenstein verhüttete. Der Name des Weges geht auf das Rinnen des geschmolzenen Metalls zurück.
Nach dem „Raseneisenstein-Gedächtnisweg“ stoßen wir wenig später auf den „Erna-Schreiber-(Gedächtnis)-Weg“. Der 44 Kilometer lange KEV-Wanderweg Nummer 4 führt vom Königsforst bis nach Hommerich im Bergischen Land. Der „Kölner Eifelverein“ (KEV) erinnert damit an sein Ehrenmitglied, Bundesverdienstkreuzträgerin und fleißige Wanderführerin, die Anfang 2006 im Alter von 92 Jahren starb. Auf dem „Erna-Schreiber-Weg“ lässt sich diese Etappe auch in Rath/Heumar beenden.
Der KÖLNPFAD erreicht wenige Meter später wieder den „Rennweg“, der über die „Rösrather Straße“ führt, die einspurige Eisenbahnstrecke nach Gummersbach und die A 3 quert, um im nächsten Naturschutzgebiet anzukommen, der Wahner Heide. „Lebensgefahr! Absolutes Betretungsverbot außerhalb der markierten Wege!“ droht uns unmissverständlich eine Tafel. Das ist diesmal – wie manchmal in deutschen Wanderlanden – nicht böse gemeint. Denn seit 1817 wurde die Wahner Heide

Findling mit Bronzeplatte markiert Kölns höchsten Punkt

Wegweiser zur Einkehr in den „Heideblick"

knapp 200 Jahre lang und fast ununterbrochen als Truppenübungsplatz genutzt. Erst von den Preußen, besonders intensiv von der Wehrmacht in den Jahren 1936 bis 1945 und ab 1951 mehr als fünf Jahrzehnte lang von den Belgiern, die erst 2004 abzogen. Seitdem sind die Tore geöffnet, und die Heide kann zu jeder Tages- und Nachtzeit besucht werden. Dabei empfiehlt es sich aber, auf den Wegen zu bleiben, weil Munitionsreste im Boden für manch böse Überraschung sorgen könnten.

Die jahrhundertelange Nutzung als Schießplatz war Segen und Fluch zugleich für die Landschaft. Einerseits blieb so ein großes zusammenhängendes Stück (immerhin rund 5.200 Hektar) der ehemaligen Mittelterrasse des Rheins von der Zersiedelung verschont. Andererseits zerstörten der Bau von Kasernen und Pisten, aber auch Manöver die Natur nachhaltig. Und trotzdem erfanden Fauna und Flora sich stets aufs Neue, bildeten in Tümpeln, Übungsbecken und selbst in Panzerspuren neue Artengemeinschaften.

Während eines kurzen Intermezzos, von 1926 bis 1932, hatte die Heide sogar ihre Ruhe, gab es keine militärische Nutzung. Schon 1931 wurde das Gebiet teilweise unter Naturschutz gestellt. Seine Lage am Südostrand der Niederrheinischen Bucht machte es zu einer der artenreichsten Heide-, Moor- und Waldgebiete in Mitteleuropa. Immerhin 700 Tier- und Pflanzenarten, die auf der Roten Liste der gefährdeten Arten stehen, gibt es hier.

Dieser Status verhinderte aber keineswegs Ende der 1950er Jahre den Ausbau eines kleinen Militärflughafens zum knapp 1.000 Hektar großen „Flughafen Köln/Bonn – Konrad Adenau-

er". Der breitete sich – aufgrund dubioser Genehmigungen – mitten in der Heide aus, und das „neue" Naturschutzgebiet (mit einer Größe von 2.630 Hektar) wurde 1968 um den Flughafenzaum herum gelegt. Heute sind knapp 3.000 Hektar der Wahner Heide geschützt und als Vogelschutzgebiet und Flora-Fauna-Habitat in ein europaweites Schutznetz integriert.
Noch im Jahr 1956 beschränkte die britische Royal Air Force die Flugbewegungen in der Wahner Heide zunächst auf acht danach auf 14 pro Woche. Ein Jahr später startete der Flughafen durch und stieß mit seinem Abfertigungsvolumen von 300.000 Passagieren pro Jahr schnell an seine Grenzen. 1960 flog erstmals eine DC 8 nach New York, ein Jahr später nahm die Deutsche Lufthansa den interkontinentalen Verkehr auf der neuen Startbahn auf. Im jährlichen Rhythmus wurden neue Abfertigungshallen, Startbahnen und Frachtgebäude eröffnet. Seit 2002 entwickelte sich der Flughafen zum „Drehkreuz für Billigflieger".
Doch was des einen Freud', ist des anderen Leid. Der Airport gehört zu den wenigen deutschen Flughäfen, an denen auch nachts gestartet und gelandet werden darf – sehr zum Ärger der Städte Lohmar oder Rösrath, deren Bewohner unter dem Fluglärm zu leiden haben. Doch wir bleiben am Boden und wandern weiter durch die Heide.
Heide, das klingt eigentlich nach Sandboden, Birken und Wacholder, aber das Stück, das wir kennenlernen, sieht eher aus

Begrenzt den Königsforst: die A 3

Kleine Rasthütte am Weg

wie die Fortsetzung des Waldes im Königsforst, nur nicht so aufgeräumt. Das liegt daran, dass die Wahner Heide – ebenso wie der angrenzende Forst – im Übergangsbereich zwischen Niederrheinischer Bucht und Rheinischem Schiefergebirge liegt und kleinflächig ganz unterschiedliche Bodentypen aufweist. Deshalb gibt es Moore, Feuchtwiesen, auch Wälder und sogar richtige Sanddünen, allerdings im Süden der Heide. Aber da befinden wir uns schon nicht mehr auf Kölner Stadtgebiet. Denn nur ein Drittel der Landschaft gehört zur Domstadt.

Der KÖLNPFAD verläuft – in Fortsetzung des „Rennweges" aus dem Königsforst – vorbei an Birken, Erlen, Eschen und Pappeln, die es gerne feucht an den Füßen mögen. Kein Wunder, schließlich fließt in der Nähe der Kurtenwaldbach vorbei, der in seinen besten Abschnitten mit einem naturnahen Erlenauenwald punkten kann. Ziemlich schnell erreichen wir das „Pi-Becken 2" , das zweitälteste Pionierübungsbecken. Die Bezeichnung ist glatter Etikettenschwindel, denn hier unten fanden nie Militärübungen statt. Von Mitte der 1970er Jahre bis Mitte der 1980er Jahre wurde kommerziell Kies abgebaut – mitten im Naturschutzgebiet. Das veränderte die Landschaft wiederum erheblich, lockte aber nachträglich die Tiere und

Pflanzen an, die eine schlichte Umgebung bevorzugen. Damit sich das neue Landschaftsbild nicht wieder verändert, halten regelmäßig Ziegen den Bewuchs klein. Es gibt einen kleinen hölzernen Ausguck am Rand der Grube, über die sich ein weiter Himmel spannt. Und wenn sich Wind und Wetter in den Wolken miteinander balgen, ist auch eine an sich öde Fläche plötzlich ziemlich reizvoll.

Der KÖLNPFAD führt weiter durch einen alten Eichenwald mit eingestreut stehenden hohe Kiefern, und manchmal scheint es so, als ob tief fliegende Jets die Baumkronen berühren. Kein Wunder, denn wir befinden uns hier in der Einflugschneise der „Großen Parallelbahn", und die Lage des Flughafens zwingt uns dazu, die Heide an der „Alten Kölner Straße" zu verlassen. Dorthin führt uns der Weg „Am Bähnchen", der an die alte Bahnstrecke erinnert, die das preußische Militär in den 1920er Jahren durch die Nordheide baute, um die neue „Ballonhalle Ost" in Kalmusweiher zu erreichen. Die hölzernen Hinweisschilder erscheinen merkwürdig übertrieben hier im Wald, weil wir – im Gegensatz zum Königsforst – kaum andere Wanderer, Walker oder gar Jogger treffen. Die Wahner Heide besitzt nicht die schillernde Vergangenheit als Naherholungsgebiet wie der benachbarte Königsforst. Ehemaligen Sperrgebieten begegnet man halt immer noch mit Vorsicht. Bevor wir aber endgültig das Naturschutzgebiet verlassen, lohnt noch ein Abstecher nach Gut Leidenhausen, etwa einen Kilo-

Blick auf das Pionierübungsbecken

„Scharfer" Frisör in Grengel

meter am „Grengeler Mauspfad" Richtung Innenstadt gelegen. Das alte Rittergut, das seit 1961 der Stadt gehört, beherbergt eine Greifvogel-Schutzstation, auf dem Gutsgelände gibt es ein Obstmuseum – hier wachsen Obstbäume alter, fast vergessener Sorten –, und in der Nähe tummeln sich Rehe und Wildschweine in großen Gehegen. Natürlich gehören ein Spiel- und ein Grillplatz zur Freizeitanlage und seit 1982 auch das Naturmuseum „Haus des Waldes". Hier kann das Wissen um den Königsforst – und andere deutsche Wälder – vertieft werden.
Wer mag, kann an dieser Stelle die Wanderung unterbrechen und sich vor dem Rest der Etappe im „Newport Restaurant" stärken oder gutbürgerlich einkehren „Zum Kupferkessel" mit Biergarten. Denn jetzt beginnt die überwiegend asphaltierte Wegstrecke durch Grengel und Wahnheide zum letzten Höhepunkt der Etappe, der ehemaligen Wasserburg Wahn.
Wir wandern den „Grengeler Mauspfad" entlang und sind auf dem KÖLNPFAD wieder einmal Grenzgänger. Denn die jahrhundertealte Verbindung zwischen Niederrhein und Taunus ist gleichzeitig die Grenze zwischen der ehemaligen Mittel- und der Niederterrasse des Rheins. Heute befindet sich auf der Mittelterrasse der Flughafen, und je nach dem, wie der Wind weht, scheinen die ankommenden Flugzeuge schon in Grengel zu landen. So knapp schweben die Maschinen über die Häuser des kleinen Stadtteils hinweg, den es offiziell erst seit

1951 gibt. „Am Grengel“ war vorher nur ein Gebiet mit drei Schlagbäumen und einem Zaun. Das Stadtteilchen hat allerdings schnell aufgeholt: 2006 lebten 5.346 Menschen dort. Und obwohl alle Welt vom Köln/Bonner Flughafen in Wahn spricht, liegt der Betrieb – auf Grengeler Stadtgebiet.
Hier in der Einflugschneise spüren wir, dass der Airport eine Belastung für alle ist: für Menschen, Tiere und Pflanzen in und um die Wahner Heide. Insbesondere Tiere stören sich nicht an Zäunen, die ihr Schutzgebiet begrenzen, und gerade der Flughafen belegt das wertvollste Kernstück der Landschaft, Heiden und Magerrasen, die nie bebaut wurden. Die Zeichen stehen jedoch weiter auf Wachstum in diesem Grundpfeiler unserer mobilen Gesellschaft: 2007 wurden mehr als zehn Millionen Passagiere in Köln/Bonn abgefertigt – fünf Jahre vorher waren es nur die Hälfte. Die weitere Entwicklung der Wahner Heide wach und kritisch zu begleiten, das hat sich seit 1990 das „Bündnis für die Wahner Heide“ zur Aufgabe gemacht. Seit 1996 unterhält der Verein, der eigentlich der Dachverband verschiedener Vereine, Initiativen, Arbeitskreise und Parteien ist, das „Informationszentrum Wahner Heide“ in Troisdorf-Alkenrath, das nicht nur Führungen bietet und spezielle Programme für Kinder, sondern auch wissenschaftlich orientierte Arbeiten veröffentlicht.
Peu à peu lassen wir die Wahner Heide hinter uns und wollen – naturkundlich gesehen – nicht zu kritisch mit Grengel sein,

November über Gut Leidenhausen

Ehemalige Niederungsburg mit Wassergraben: Schloss Wahn

denn ein bisschen Grün gibt es auch hier, nämlich den Stadtpark (!) mit seinen Weihern. Wer mag, kann am Ende der Grünanlage für die beiden letzten Kilometer auf Asphalt auch den Bus nehmen.

Recht zügig erreichen wir per pedes die Verkehrsachse „Frankfurter Straße" in Wahn, biegen auf die „Kastanienallee" zum Schloss Wahn ein – und genießen das in sich ruhende, architektonische Kontrastprogramm zum Tempo der umgebenden Straßen, Pisten und Bahngleise.

Das Schloss entstand in seiner heutigen Form um die Mitte des 18. Jahrhunderts: Von 1750 bis 1759 ließ Ferdinand Friedrich Graf von Schall zu Bell Wahn zu einer barocken Vierflügelanlage nach französischem Vorbild umbauen. Zuvor war aus dem „Hoff zu Wande" (so lautete die erste Erwähnung der Anlage 1358) eine Niederungsburg mit einem Wassergraben entstanden. 1522 gelangte das Anwesen in den Besitz der Familie von Zweiffel (genau jenen, denen wir schon während der achten Etappe an der Saaler Mühle begegnet sind), die es im 17. Jahrhundert an die Familie Schall von Bell vererbte. 1785 verkaufte diese Schloss Wahn an den kurkölnischen Kammerherrn Theodor Freiherr von Heeremann zu Zuydtwyck. Dessen Frau Maria Charlotte war eine geborene Eltz-Rübenach. Seit 1820 ist Wahn im Besitz der Familie Eltz-Rübenach, seit 1825 auch der benachbarte Eltzhof, der bis 2004 landwirtschaftlich genutzt wurde. Danach wurde nicht mehr gesät und geerntet, der denk-

malgeschützte Hof umgebaut und Kunst, Kultur und Kulinarisches hielten Einzug in die alten Gemäuer. Jetzt gibt es dort eine bunte Mischung aus Kabarett, Karneval und kölscher Kultur, durchsetzt von kleinen Märkten und Ausstellungen.
Zu den „berühmten" Gästen auf Schloss Wahn soll sogar einmal Adolf Hitler gehört haben, der Anfang 1933 auf Einladung von Kuno Freiherr von Eltz-Rübenach (1904 bis 1945) in Porz logiert haben soll. Der Gutsbesitzer galt aufgrund seiner nationalsozialistischen Überzeugung als „Trommler der Bewegung"

Die mächtige Kastanie beschützt das Schloss

im Bergischen Land, der versuchte, die Bauern für die NSDAP zu gewinnen. Ab 1933 war er Landesbauernführer der Rheinprovinz. Der Besuch Hitlers auf dem Schloss ist zwar nur eine historische Fußnote, für den Gang der deutschen Geschichte aber von großer Bedeutung. Denn am Morgen des 4. Januar 1933 fuhr Hitler nach Köln zu einem geheim gehaltenen Treffen mit dem ehemaligen Reichskanzler Franz von Papen in die Villa des Bankiers Kurt Freiherr von Schröder am Stadtwaldgürtel. Dieses Gespräch gilt als wichtige Weichenstellung für die Machtübertragung auf die Nationalsozialisten und Hitlers Ernennung zum Reichskanzler am 30. Januar 1933.
Noch immer ist das Schloss im Besitz der Familie von Eltz-Rübenach, und wer mag, kann sich im Gartensaal sogar trauen lassen. Seit 1947 sind die meisten Räume im Schloss allerdings an die theaterwissenschaftliche Sammlung der Universität zu Köln vermietet – eine der weltweit größten Sammlungen von Theatralia. Im Burghof, unter einer dicken, alten Kastanie, können wir das Erlebte auf uns wirken lassen, bevor wir zum nahe gelegenen S-Bahnhof „Wahn“ gehen, wo uns der Zug in Windeseile Richtung Innenstadt und in die Gegenwart zurück bringt.

Spitzahornpracht bei Gut Leidenhausen

**Länge:** 18 Kilometer

**Dauer:** 5 Stunden, 30 Minuten

**Profil:** überwiegend flach mit leichten Steigungen, geeignet für Kinderwagen

**Anfahrt:** mit der KVB-Linie 1 bis Endhaltestelle „Bensberg"

**Karte:** topografische Karte 1 : 25.000, Blatt 5008 (Köln-Mülheim), 5108 (Köln-Porz)

**Abkürzungen:**
**Kilometer 9:** An der Schutzhütte hinter der Kreuzung mit dem „Rennweg" folgen Sie dem KEV-Wanderweg 4 („Erna-Schreiber-Weg") circa 30 Minuten bis zur Endhaltestelle „Königsforst" der KVB-Linie 9 in Rath/Heumar.
**Kilometer 16:** Wenn Sie in Wahn die „Nachtigallenstraße" erreichen, gehen Sie 50 Meter nach links bis zur Bushaltestelle „Bieselstraße". Der Bus 160 Richtung Lind braucht acht Minuten bis zur S-Bahnhaltestelle „Wahn".

**Einkehrmöglichkeiten:**
**Landgasthaus Heideblick** www.gasthof-heideblick.de
An der Krumbach 3a, 51503 Rösrath, Tel. 0 22 05-16 75
Öffnungszeiten: Mo–Fr ab 11 Uhr, Sa/So/Feiertage ab 10 Uhr

**Restaurant und Bar Asado** www.restaurant-asado.de
Baumschulenweg, 51107 Köln, Tel. 0 22 05-89 47 97
Öffnungszeiten: Mo–Fr ab 17 Uhr, Sa ab 14 Uhr, So/Feiertage ab 12 Uhr

**Newport Restaurant** www.newport-restaurant.de
Waldstraße 216, 51147 Köln, Tel. 0 22 03-1 83 99 59
Öffnungszeiten: Mo–Fr 12–14 Uhr, 17.30–23.30 Uhr,
Sa 17.30–23.30 Uhr, So Ruhetag

**Eltzhof** www.eltzhof.de
St. Sebastianusstraße 10, 51147 Köln, Tel. 0 22 03-9 80 08 22
Öffnungszeiten: täglich ab 11 Uhr

**Allgemeine Informationen:**
**Bodenlehrpfad Königsforst** www.gd.nrw.de
Der Geologische Dienst NRW hat eine 36-seitige Broschüre erarbeitet, die den Bodenlehrpfad erklärt. Sie ist beim Forstamt Bergisch Gladbach (Broichen1, 51429 Bergisch Gladbach, Tel. 0 22 04-95 26-0) oder per Internet beim Geologischen Dienst (im Geoshop) kostenlos erhältlich.

Informationen zu **Kölns höchstem Berg** finden Sie auf der Homepage www.monte-troodeloeh.de.

**Gut Leidenhausen** www.cologneweb.com
Grengeler Mauspfad, 51147 Köln, Tel. 0 22 03-3 99 87

***Greifvogelstation***
Öffnungszeiten: April–September So/Feiertage 10–18 Uhr, Oktober–März So/Feiertage 10–17 Uhr. Eintritt: frei
Führungen gibt es jeden dritten Samstag im Monat um 15 Uhr. Gruppen können Sondertermine vereinbaren.

Lichtdurchfluteter Wald

***Haus des Waldes***
Öffnungszeiten: April–September So/Feiertage 10–18 Uhr, Oktober/November/Februar/März So/Feiertage 10–17 Uhr, Dezember/Januar geschlossen
Eintritt: Erwachsene 1,20 Euro, Kinder 50 Cent
Führungen gibt es nur nach Vereinbarung. Sie kosten 30,- Euro beziehungsweise 33,- Euro.

***Obstmuseum***
Öffnungszeiten: April–September So/Feiertage 10–18 Uhr, Oktober/November/Februar/März So/Feiertage 10–17 Uhr, Dezember/Januar geschlossen. Eintritt: frei
Führungen gibt es in der Woche nach Terminabsprache.

**Informationszentrum Wahner Heide**
www.wahner-heide.com und www.heide-kids.de
Schaugelände: Flughafenstraße 33 in Troisdorf-Alkenrath
Postanschrift: Bündnis für die Wahner Heide, Alte Feuerwache, Melchiorstraße 3, 50670 Köln
Öffnungszeiten: April–Oktober So/Feiertage 10–17 Uhr
Eintritt: frei
Für Gruppen können gesonderte Termine vereinbart werden. Ein Heidespaziergang findet am ersten Sonntag jedes Monats um 14 Uhr dort statt.

**Köln Bonner Airport** www.koeln-bonn.airport.de
Waldstraße 247, 51147 Köln, Tel. 0 22 03-4 00
Führungen können beim Besucherdienst unter den Telefonnummern 0 22 03-40 43 88 und 40 43 89 gebucht werden. Die Wartezeit beträgt allerdings zwei Monate. Ab zehn Teilnehmern findet eine 90-minütige Führung statt. Flugzeuge von innen und der Tower gehören aus Sicherheitsgründen nicht zum Besichtigungsprogramm. Preise: Erwachsene 5,- Euro, ermäßigt 3,- Euro, Kinder, Jugendliche und Schüler (Schulklassen) haben kostenlosen Eintritt; auf Anfrage gibt es auch Nachtführungen, die 10,- Euro pro Person kosten.

**Schloss Wahn** www.schloss-wahn.de
Burgallee 2, 51127 Köln, Tel. 0 22 03-6 00 92-0
Öffnungszeiten: Mo–Fr 10–16.30 Uhr, Sa/So/Feiertage/August geschlossen. Besichtigt werden können die Räume sowie die Bibliothek, Archive und Ausstellungen.

# Etappe 10

## Ausblicke vom Feld

und wieder an den Rhein

Links: Feld bei Langel im Kölner Süden
Links oben: Gullydeckel mit Kölner Wappen

# WEGBESCHREIBUNG 10

**Auf dem Vorplatz der S-Bahnhaltestelle „Porz-Wahn"** nehmen Sie den kombinierten Rad- und Fußweg Richtung Schloss Wahn, der gegenüber der großen Eiche beginnt. An der Schlossmauer gehen Sie nach rechts, am Eltzhof vorbei bis zur „St.-Sebastianusstraße". Sie gehen nach rechts und überqueren nach wenigen Metern am Kreisverkehr die Straße. Am Wegekreuz gehen Sie links vorbei leicht hügelan in den „Dammweg".

**Sie wandern circa einen Kilometer** parallel zu den Eisenbahnschienen bis zum Ende des Weges an einer rot-weißen Bake. Sie folgen weiter dem Weg, der nach links abknickt. Dann gehen Sie nach knapp 100 Metern nach rechts, bergab in die „Margaretenstraße", durch die Eisenbahnunterführung hindurch. Jetzt bleiben Sie auf dieser Straße bis Libur. Am Ortseingang gehen Sie nach links und folgen weiter der „Margaretenstraße" durch den Ort, bis diese auf die „Urbanusstraße" trifft.

**Sie gehen rechts** in die „Urbanusstraße" und biegen nach circa 200 Metern links ein, gegenüber „Alte Burgstraße". Sie gehen zwischen Häusern hindurch und nach 50 Metern, in der Linkskurve der Straße, geradeaus am kleinen Spielplatz neben der Neubausiedlung vorbei. Jetzt wandern Sie weiter geradeaus, überqueren die „Liburer Straße" und gehen wiederum geradeaus. Nach circa 100 Metern wenden Sie sich an der ersten Kreuzung nach rechts und folgen dem Feldweg bis zum Feldgehölz. Hier gehen Sie nach links (rechts liegt der Golfplatz), am Modellflugplatz vorbei und weiter geradeaus.

Naturschutzgebiet „Langeler Auwald"

**Sie überqueren die „Porzer Straße"**. Jetzt wandern Sie den Feldweg circa 500 Meter geradeaus, bis Sie einen asphaltierten Weg erreichen. Hier gehen Sie (am Gasmasten) nach links und nach 200 Metern (wiederum an einem Gasmasten) nach rechts auf einen Feldweg. Diesem Weg folgen Sie circa einem Kilometer bis an den Ortsrand von Langel. Hier, am kleinen Wendehammer, gehen Sie nach links und nach circa 200 Metern an der ersten Kreuzung nach rechts.

**Sie wandern weiter geradeaus**, überqueren die „Sandbergstraße", gehen geradeaus und dann der leichten Rechtskurve folgend auf den Deich. Auf der Deichkrone gehen Sie nach links, in einer weiten Rechtskurve circa 500 Meter. An der zweiten Kreuzung verlassen Sie den Deich und wandern halb links hinab in den „Schneppenweg".

**Dem „Schneppenweg"** folgen Sie geradeaus bis zum Rhein. Hier gehen Sie rechts in den „Uferweg" und wandern weiter über den Damm. An der Walter-Esser-Brücke nehmen Sie den Weg links leicht abwärts durch die Rheinaue. An der ersten Kreuzung gehen Sie nach links, nach 100 Metern nach rechts und wandern weiter parallel zum Rhein bis Langel (links befindet sich dann ein Spielplatz).

**In Langel, am Weiher**, gehen Sie nach rechts in die „Frongasse" und nach wenigen Metern links oberhalb des Weihers über den Damm weiter. Kurz hinter Langel folgen Sie dem Damm nach links (Fahrradroute Richtung Köln-Porz/Zündorf). An der nächsten Möglichkeit verlassen Sie den Dammweg nach links und wandern den gepflasterten Weg durch den Auenwald bis zum Marktplatz von Zündorf.

**Der „Marktstraße"** rechts neben dem Landhaus „Zündorf" folgen Sie bis zur „Hauptstraße". Diese überqueren Sie und gehen gegenüber in das „Neuhöfersgäßchen" hinein. Dieses führt Sie links am Rewe-Supermarkt vorbei, hinter dem Geschäft an „Casa Mueller" entlang und in einem schmalen Fußweg bis zur „Schmittgasse". Sie überqueren diese Straße und gehen geradeaus in die „Wahner Straße". Nach 200 Metern erreichen Sie die Endhaltestelle der KVB-Linie 7.

# Von Wahn nach Zündorf

Der eine nennt sie uncharmant die „Pädstour", der andere freut sich über die vielfältigen, manchmal etwas eigenwilligen Einkehrmöglichkeiten am Weg. Aber für den Vater des KÖLNPFADs, den KEV-Wanderführer Fritz Hoepfner, ist die zehnte Etappe wegen des außergewöhnlichen Panoramas vom Dom zum Bergischen Land und ins Siebengebirge fast schon eine Kaiseretappe. Der vorletzte Abschnitt des KÖLNPFADs führt zwar zu Beginn über große monotone Produktionsflächen, genannt Felder, versöhnt dafür aber mit Kölns südlichstem Dorf Libur und geht weiter entlang des rechtsrheinischen Langel (das linksrheinische Langel taucht in der vierten Etappe auf) wieder zurück zum Rhein in die Sommerfrische nach Zündorf.

Zugegeben, die erste Hälfte des Weges durch die Agrarsteppen ist anstrengend. Aber die glatt rasierten Felder ohne Baum und Strauch haben den Vorteil einer makellosen Fernsicht auf (im Uhrzeigersinn): den Dom, den Lüderich im Bergischen Land, mit 260,2 Metern die höchste Erhebung vor den Toren Kölns, auf den Telegrafenberg, mit immerhin noch 134 Metern der höchste „Berg" der Wahner Heide, das Siebengebirge mit dem Bonner Posttower davor und das Vorgebirge mit seinem

Schienenstränge in Wahn

Steinernes Wegekreuz

geraden Kamm. Der Rundumblick streift noch das ehemalige Funkhaus der Deutschen Welle mit dem Deutschlandfunk-Gebäude davor und endet am Fernsehturm Colonius (266 Meter hoch). Ein kaiserliches Panorama eben. Deshalb: Fernglas nicht vergessen!

Der Weg von Schloss Wahn in Kölns südlichsten Zipfel folgt allerdings zuerst, recht profan, den Bahngleisen, die hier teilweise in acht Strängen nebeneinander liegen. Wahn ist unbestritten das Ausfallstor auf der viel befahrenen rechtsrheinischen Strecke Richtung Frankfurt. Seit 2002 rauscht hier auch der Hochgeschwindigkeits-ICE entlang, rumpeln wesentlich entspannter Güterzüge vorbei, fahren Stadtschnellbahnen und Regionalzüge – zu gucken gibt es eigentlich immer etwas. Aber nicht nur Züge begegnen uns, sondern auch Wegekreuze – steinerner oder hölzerner Ausdruck des Glaubens und Mahnmale zum geistlichen Schutz von Haus und Hof. Sie sind auf dieser ländlichen Etappe unsere ständigen Begleiter.

Nach gut einem Kilometer „eiserner" Wegstrecke lassen wir den Verkehrslärm endgültig hinter uns, wandern ins Feld und haben zwischen Miete, Baggerloch und Ackerkrume den freien Blick vom KÖLNPFAD nach Köln und um Köln herum. Wanderherz, was willst du mehr?! Da fehlt nur noch Willi Ostermann. Der kölsche Liedermacher schrieb 1936 mit seinem „Heimweh no Kölle" die inoffizielle Stadthymne, die sonst nirgendwo so gut passt wie an dieser Stelle des KÖLNPFADs:

*Wenn ich su an ming Heimat denke*
*un sin d'r Dom su vör mir ston,*
*mööch ich direk ob Heim an schwenke,*
*ich mööch zo Foß no Kölle gon.*

Bis 1975 hätten wir von hier aus tatsächlich noch nach Köln gehen können, denn bis dahin gehörten beispielsweise Wahn und auch das Dörfchen Libur zur – seit 1951 – selbstständigen Stadt „Porz am Rhein". Doch die letzte Kölner Stadterweite-

Kirche St. Margareta in Libur

rung im Rahmen der kommunalen Neuordnung machte daraus den flächenmäßig größten Stadtbezirk mit 16 Stadtteilen von Eil bis Zündorf. Auch wenn die Porzer vor der Eingemeindung kritisierten, dass die Stadt Köln dem „Tor ins Bergische Land“ drohe und „sich schon die Zunge lecke“ nach dem potenten Nachbarn, ist von den Befürchtungen nichts mehr übrig geblieben – auch Porzer Karnevalsgesellschaften streben mittlerweile ins „Festkomitee Kölner Karneval“. Porz ist eine Marke geblieben und hat mit dem dynamischen Flughafen und dem „Deutschen Zentrum für Luft- und Raumfahrt“ (DLR) in Lind ein nicht zu unterschätzendes Gewicht im städtischen Gefüge.
Jetzt also wandern wir auf Kölner Stadtgebiet und erreichen mit Libur den südlichsten Stadtteil mit den wenigsten Einwohnern, nämlich 1002. Gefühlt sind es noch ein paar weniger, denn selbst am Vormittag sind die Straßen im Dorf menschenleer, scheinen die Bürgersteige vom Vorabend noch nicht wieder heruntergeklappt worden zu sein. Aber diese offensichtliche Abgeschiedenheit, die Insellage inmitten der Felder, hat ihre Vorteile. Denn im Ort gibt es noch schöne alte, backsteinerne Häuser, große Gehöfte wie den Margarethenhof sowie die Kirche St. Margareta, erbaut zwischen 1901 und 1911 von

Pfarrer Hubert Huthmacher. Auf dem angrenzenden alten Friedhof liegt der vielfältig begabte Gottesmann begraben. Eine Stippvisite dorthin lohnt allemal, denn neben der modernen Stele für ein Kindergrab stehen barocke Grabkreuze aus dem 17. Jahrhundert. Für eine erste Pause bietet sich dann das gemütliche Wirtshaus „Helfer" in der „Urbanusstraße" an.
Im Dorf sind uns immer wieder rote Emailleschilder begegnet mit kurzen Erklärungen zu alten Häusern, Wegekreuzen oder der Dorfkirche. Sie gehören zum „Kulturpfad Porz". Diese einst von der Stadt herausgegebenen Tourenvorschläge – inklusive einer Broschüre – zum selbstständigen Kennenlernen der Stadtteile existieren nicht nur für Porz, sondern auch für andere Stadtbezirke. Heute sind die zugehörigen Heftchen allerdings vergriffen und die Tafeln teilweise verwittert. Und nur auf Initiative einzelner, engagierter Bürgervereine wie in Müngersdorf sollen die nützlichen Wegweiser wieder instand gesetzt werden.
Die roten Backsteinhäuser in Libur erinnern daran, dass Köln am Niederrhein liegt (siehe dritte Etappe), und auf dem weiteren Weg durch die offenen Felder weht uns der Wind um die Ohren, tanzen die Rabenkrähen in den Böen und ab und zu auch ein Modellflugzeug. Denn der KÖLNPFAD streift – nach dem Golfplatz – den Flugplatz der „Modellfluggruppe Porz". Die Tür des Clubhauses ist zu fast jeder Tageszeit geöffnet, und die gastfreundlichen Mitglieder haben manchmal – gegen eine kleine Spende – sogar eine Tasse Kaffee parat.
Jetzt wandern wir weiter kreuz und quer durch die Felder bis an den Rand von Langel – dem nächsten Dorf im Feld. Der Weg ist manchmal ermüdend und im Winter regelrecht anstrengend, wenn die Feldwege aufgeweicht sind und der Matsch an den

Madonnenfigur am Bauernhaus in Libur

Idylle mit Pferd vor Langel

Schuhen kleben bleibt. Aber noch stärker ist die Anstrengung im Kopf zu spüren, weil den eintönigen Fluren leider das fehlt, was eine echte Kulturlandschaft ausmacht: Hecken, Baumgruppen, Alleen oder markante Einzelbäume.

Doch stopp: Die amtlichen Naturschützer haben das Defizit erkannt und zwischen Golfplatz und Fluggelände ein Feldgehölz angelegt, bepflanzt mit einheimischen Bäumen und Büschen, das Vögel und Kleintiere anlocken soll – und uns Wanderern ein wenig mentale Entspannung schenkt.

Die intensive Landwirtschaft auf den wenig fruchtbaren Böden der ehemaligen Niederterrasse des Rheins hat aber nicht nur oberhalb der Ackerkrume ihre Spuren hinterlassen, sondern auch im Boden und damit im Grundwasser. Es wurde gedüngt, was die chemische Industrie hergab, und Mitte der 1980er Jahre stiegen die Nitratwerte so bedenklich an, dass die Wasserwerker Alarm schlugen. Die Qualität des Trinkwassers war gefährdet, zumal gleichzeitig eine strengere Grundwasserverordnung in Kraft trat. Schließlich liegen die Felder in der Schutzzone des Wasserwerks Zündorf, dem mit Abstand größten Standort zur Wassergewinnung im Rechtsrheinischen. Doch Wasser- und Landwirtschaft rauften sich zum Wohle der Bevölkerung und nicht zuletzt aus Eigeninteresse zusammen und gründeten 1985 unter dem griffigen Namen „Drüber und Drunter" die „Schutzgemeinschaft Boden und Wasser im Langeler Bogen". Das zugehörige Schild mit Wald und Feld drüber und dem blauen Rhein drunter begegnet uns zum ersten Mal am Tor des alteingesessenen Schneppenhofes, der neben 64 anderen Landwirten sowie der RheinEnergie und der Stadtwerke Niederkassel und Troisdorf ebenfalls Mitglied des Arbeitskreises (AK) ist. Der AK hatte nach wenigen Jahren sein Ziel erreicht, die Wasserqualität wurde deutlich besser, und dennoch gibt es die Vereinigung noch heute, sie ist in den zurück liegenden Jahren sogar Vorbild für viele andere Gewässerschutzkooperationen geworden. Die Mitarbeiter des AK beraten mittlerweile die Landwirte bei betriebswirtschaftlichen Fragen und stoßen wissenschaftliche Untersuchungen zu aktuellen Problemen an.

Aber so eine Niederterrasse lässt sich nicht nur landwirtschaftlich nutzen, sondern in Notzeiten auch prima als „Badewanne" einsetzen, wenn der Rhein sein Bett verlassen hat und sich eine Jahrhundertflut ankündigt. 2007 und 2008 ertüchtigten deshalb die Stadtentwässerungsbetriebe den Altdeich von der Uferstraße im benachbarten Lülsdorf (gehört schon zur Stadt Niederkassel) bis fast zur „Leimkaul" in Langel und legten dahinter einen Retentionsraum an. Der soll bei Bedarf – das heißt bei einer „Jahrhundert"-Hochwassermarke von 11,30 Metern Kölner Pegel – mit 4,5 Millionen Kubikmetern Rheinwasser geflutet werden. Das kann im Notfall Rodenkirchen und die Altstadt um die entscheidenden Zentimeter am Hochwasserpegel entlasten.

Der Schneppenhof am Rhein

Alte Mühle in Godorf

Am Schneppenhof haben wir den Rhein wieder erreicht, der ziemlich unvermittelt hinter einer Geländekante auftaucht und die meiste Zeit träge vor sich hin fließt. Jetzt wandern wir bis zum Schluss des KÖLN-PFADs – obwohl es ein Ende bei einem Rundwanderweg ja eigentlich gar nicht gibt – stets rheinabwärts. Wer an dieser Stelle allerdings 500 Meter rheinaufwärts geht, gelangt in Lülsdorf zur Personenfähre nach Wesseling und kann auf der anderen Rheinseite die Etappe abkürzen und per Straßenbahn in die Innenstadt fahren.

Wir genießen den Fluss und das diesseitige Ufer – denn gegenüber hat sich chemische Industrie breit gemacht –, erfreuen uns an dem blank gescheuerten Schwemmholz, den vielen Muscheln im Sand und den hübschen Kopfweiden etwas abseits des Wassers am Wegesrand. Der KÖLNPFAD verläuft jetzt durch das 22 Hektar kleine Naturschutzgebiet „Langeler Auwald“. Das verschafft uns eine Ahnung davon, wie der Rhein bis ins 19. Jahrhundert ausgesehen hat, bevor der Fluss begradigt wurde, um ihn schiffbar zu machen. Diesen gewaltigen Veränderungen – allein von Basel bis Bingen wurde der Rhein um 81 Kilometer verkürzt – fielen zahlreiche Altwasserarme und damit Überflutungsräume zum Opfer. Flora und Fauna verloren ihre Lebensgrundlage, und der Mensch ebnete zukünftigen Hochwasserkatastrophen den Weg.

Aber der Rhein ist keineswegs nur der braune, nasse, alles zerstörende Moloch, sondern Wasser bereitet auch Vergnügen. Daran erinnert das Schild „Langeler Lido“ am Zaun des Campingplatzes der „Familien-Zeltgemeinschaft von 1961“, der letzte Überrest eines einstmals großen Freibades. Bei der Eröffnung des „vornehmsten Familienbades am Rhein" am 13. August 1911 sollen mehr als 6.000 Wasserfreunde dabei gewesen sein, die mit der Rheinuferbahn von Köln nach Godorf fahren konnten und von dort mit einer neu eingerichteten Fähre nach Langel übersetzten. Auf einer historischen Postkarte sind die Sommerfrischler abgebildet: Damen in knielangen schwarzen Badeanzügen oder Badekleidern und Männer in geringelten Einteilern erfrischen sich im kühlen Rhein. Im Hintergrund ist ein üppiges „Badehaus" zu sehen: 105 Meter lang, überschwemmungssicher gebaut und mit einem Restaurant ausgestattet, in dem sogar Kölner Militärkapellen musizierten. Doch das Vergnügen dauerte nicht lange. Am 31. März 1914 zerstörte ein Großbrand die Anlage, und das „Strandbad Langel" konnte trotz Neubau und Wiedereröffnung nicht mehr an seine Anfangserfolge anknüpfen. Bis 1996 gab es immerhin noch mit „Strandbad's Marie" ein Lokal, das im Namen an die goldenen Zeiten erinnerte. Die Besitzerin, die 2002 verstorbene Maria Hollstein, galt als Original, weil „et Marie" mit ihrer „decke Trumm" stets den Straßenkarneval eröffnete. Dafür setzten ihr die Porzer Bürger auf dem Fastelovendsplätzchen an der „Bahnhofstraße" im Jahr 2004 sogar ein Denkmal. Im März 2008 konnte „Strandbad's Marie" als Café und Lokal nach jahrelangen behördlichen Klimmzügen jedoch wieder große Neueröffnung feiern und heißt jetzt „Strandbad". Nur

Strandbad's Marie ist Vergangenheit, es lebe das Strandbad

Statue der Marie Hollstein in Porz

ein Freibad wird es nicht mehr geben – obwohl man im Rhein durchaus wieder baden kann.

Am Ortsrand von Langel wandern wir ein kurzes Stück die „Frongasse“ hoch und streifen den Fronhof, den ältesten Hof im Dorf, der erstmals 965 urkundlich erwähnt wird. In seinem Testament vermachte der Kölner Erzbischof Brun (genau der, der von seinem Bruder Kaiser Otto I. den Königsforst als Geschenk erhielt) den Fronhof an das von ihm gegründete Kloster St. Pantaleon. Das sind gleichzeitig die ersten schriftlichen Spuren der Ortschaft „Langolon“, deren Ursprünge allerdings bis in die Altsteinzeit zurückreichen. Im ältesten Dörfchen auf Porzer Boden lässt sich die Etappe natürlich auch beenden. Wir erreichen den Deich oberhalb des Dorfteiches, den ein ehemaliger kleiner Rheinarm bildet. Dieses liebliche Altwasser mit Schwänen, Enten, ab und zu auch einem Kormoran und kleinem Springbrunnen erinnert daran, wie ungestört sich der Rhein einstmals in seinem Bett räkeln durfte. Ein noch schöneres Beispiel der ungebändigten Flusslandschaft ist die Zündorfer Groov, das beliebte Naherholungsgebiet am Ziel der Etappe, das wir nach vier Kilometern erreichen.

Wer vorher noch eine exklusive Wegzehrung braucht, kann am Ortsausgang von Langel im Restaurant „Zur Tant“ einkehren, das sich als „Treffpunkt für Feinschmecker“ versteht. Gekrönt ist Inhaber Franz Hütter immerhin mit einem Michelin-Stern.

Neuerdings gibt es sogar Kochkurse, die sich über einen ganzen Tag erstrecken. Na ja, die Frage „wandern oder kochen" stellt sich für uns nicht wirklich – wir wandern natürlich weiter in die Groov.

Das geht jedoch den letzten Kilometer nicht immer ungehindert. Rot-weiße Baken versperren hin und wieder den Weg durch den Auenwald und verweisen uns auf den Deich. Denn immer mal wieder fällt das Grünflächenamt eine der mehr als 200 morschen Pappeln. Sie stammen aus den 30er und 50er Jahren des letzten Jahrhunderts, sind mittlerweile nicht mehr standsicher und können Spaziergängern nicht nur bei Sturm gefährlich werden. Sie sollen durch Schwarzpappeln, Eschen, Erlen oder Eichen ersetzt werden – aber erst nach und nach und nicht in einem Hauruck-Verfahren, wie die Stadtverwaltung 2007 vorgeschlagen hatte, als das gesamte Ausmaß der Schäden deutlich wurde. Den Kompromiss zwischen Sicherheit und Naturschutz haben die Zündorfer erkämpft und anschließend den Verein „Groov-Paten" gegründet, deren Mitglieder sich um Bäume, Fledermäuse und Gewässer in dem beliebten Naherholungsgebiet kümmern wollen. Das zeigt, wie sehr die Bürger an ihrer „Groov" hängen, dem Stückchen Rheinufer mit den beiden Altwassern, das dem gesamten Terrain seinen Namen gegeben hat.

Dorfteich von Langel

Zündorf mit St. Michael (links) und St. Mariä Geburt

„Groov" bedeutet im Niederdeutschen Kies oder Kiesel, und mit diesem Begriff war die Insel gemeint, die der Rhein einst vor Zündorf mithilfe seiner Strömung und seiner Rheinkiesel anlegte. Dahinter entstand ein natürlicher Hafen, der dafür sorgte, dass das Dörfchen von 1259 bis 1831 wirtschaftlich aufblühte. Denn 1259 hatte Erzbischof Konrad von Hochstaden in Köln das Stapelrecht eingeführt, das durchreisende Kaufleute verpflichtete, ihre Waren für eine bestimmte Zeit auszuladen und den Einwohnern ein Vorkaufsrecht einzuräumen. Der Erzbischof machte sich den Umstand zunutze, dass sämtliche Güter beim Übergang vom Mittelrhein in den Niederrhein sowieso auf andere Schiffstypen umgeladen werden mussten. Aber die Grafen von Berg auf der anderen Rheinseite – zu deren Territorium auch Porz und Zündorf gehörten – wollten ebenfalls mitverdienen und umgingen das Stapelrecht, indem sie die Waren in Zündorf oder anderen Orten am Porzer Rheinbogen ausladen und über Land ins ebenfalls bergische Mülheim bringen ließen, wo sie ihren Weg rheinabwärts fortsetzen konnten. Das klappte gut bis 1831 – dann hoben die Preußen das Stapelrecht auf, und Zündorf versank in bäuerlicher Bedeutungslosigkeit. Aber der wirtschaftliche Niedergang hatte den Vorteil, dass im Dorf Geld für aufwendige Renovierungen

fehlte und deshalb die schmucken Fachwerkhäuser aus dem 17. Jahrhundert erhalten blieben. Der alte Ortskern des ehemaligen Niederzündorf direkt am Wasser mit den gemütlichen Lokalen, der Nepomukstatur auf dem Marktplatz und der Wasserfontäne am Weiher ist einfach schnuckelig und wirkt so wenig großstädtisch.
Das 1000-jährige Dörfchen ist auch deshalb ein lohnendes Ziel der vorletzten Etappe des KÖLNPFADs, weil das Fleckchen nicht etwa in der Vergangenheit stecken geblieben ist, sondern mit allen Errungenschaften gesegnet ist, die der moderne Freizeitmensch offensichtlich benötigt: Es gibt den Rhein und einen schönen Auenwald dazu, aber auch ein Kombibad mit einem großen Spielplatz und einer Minigolfanlage daneben, für kleine Kapitäne Tretboote an der unteren Groov und für die anderen den Yachthafen an der oberen Groov. Und im Frühling das große Inselfest, das die Gemeinde schier zum Bersten bringt. Wem das alles nicht genügt, der kann im Sommer mit dem „Krokodil" nach Weiß übersetzen und fängt den KÖLNPFAD einfach noch mal (fast) von vorne an.

Der heilige Nepomuk wacht über den Zündorfer Marktplatz

**Länge:** 20 Kilometer

**Dauer:** 6 Stunden

**Profil:** Flach, die Strecke verläuft über Feldwege und zum großen Teil auch über asphaltierte Wege. Geeignet für Kinderwagen.

**Anfahrt:** mit der S-Bahn 12 und 13 bis zur Haltestelle „Porz-Wahn"

**Karte:** topografische Karte 1 : 25.000, Blatt 5108 (Köln-Porz), 5107 (Brühl)

**Abkürzungen:**

**Kilometer 10:** In Lülsdorf mit der Fähre nach Wesseling übersetzen und von der KVB-Haltestelle „Wesseling" mit der Linie 16 in 31 Minuten zum Neumarkt fahren.

**Kilometer 15:** In Langel an der Haltestelle „Zur Eiche" fährt die Buslinie 164 in zwölf Minuten zum S-Bahnhof „Wahn".

**Einkehrmöglichkeiten:**

**Wirtshaus Helfer**
Urbanusstraße 1, 51147 Köln, Tel. 0 22 03-95 98 00
Öffnungszeiten: Di–Fr 11.30–14.30 Uhr, 17–23 Uhr,
Sa/So/Feiertage ab 10 Uhr durchgehend

**Strandbad** www.strandbad-langel.de
Frongasse 18, 51143 Köln, Tel. 0 22 03-9 25 38 89
Öffnungszeiten: Mo/Mi–Fr ab 17 Uhr, Sa/So ab 11 Uhr,
Di Ruhetag. Für größere Wandergruppen wird das Lokal nach Absprache auch früher geöffnet.

**Restaurant Zur Tant** www.zurtant.de
Rheinbergstraße 49, 51147 Köln, Tel. 0 22 03-8 18 83
Öffnungszeiten: Fr–Mi 12–14.30 Uhr, 18–22 Uhr, Do Ruhetag

***Verschiedene Lokale in Zündorf am Markt:***

**Wirtshaus Nepomuk**
Marktstraße 22a, 51143 Köln, Tel. 0 22 03-8 10 01
Öffnungszeiten: Di–Do 16–22 Uhr, Fr 16–24 Uhr, Sa 14–24 Uhr,
So 11-22 Uhr

**Landhaus Zündorf**
Am Markt 27, 51143 Köln, Tel. 0 22 03-8 12 03
Öffnungszeiten: Mo–Sa 12–24 Uhr, So 10–24 Uhr

**Groov Terrasse**
Am Markt 4, 51143 Köln, Tel. 0 22 03-8 55 44
Öffnungszeiten: täglich 10–24 Uhr

## Allgemeine Informationen:

**Dr. Velte Golf** www.drveltegolf.de
Urbanusstraße, 51147 Köln, Tel. 0 22 03-20 23 60

**Modellfluggruppe Porz** www.mfg-porz.de

**Fähre Lülsdorf**
Betrieb: Winter (1. Oktober–31. März) Mo–Fr 6–18.40 Uhr, Sommer (1. April–30. September) Mo–Fr 6–19.10 Uhr, Sa 8.40–15.10 Uhr, So/Feiertage 9.40-19.10 Uhr
Preise: einfache Fahrt Erwachsene 1,- Euro (Hin- und Rückfahrt 1,50 Euro), Kinder 50 Cent (Hin- und Rückfahrt 80 Cent), Zehnerkarte 7,20 Euro

**Familien-Zeltgemeinschaft 1961 Köln e. V.**
Frongasse 18, 51143 Köln, Tel. 01 72-9 67 09 90

**Kombibad Zündorf** www.koelnbaeder.de
Trankgasse 10, 51143 Köln, Tel. 0 22 03-18 35 30
Öffnungszeiten: Mo/Di/Fr 6.30–22 Uhr, Mi/Do 8–22 Uhr, Sa/So/Feiertage 9–22 Uhr, Außenbecken nur in den Sommermonaten. Eintritt: Erwachsene ab 17 Jahren (!) 4,50 Euro, Kinder ab fünf Jahren 3,50 Euro, Kinder bis vier Jahre 50 Cent

**Zündorfer Bootsverleih**
Freizeitinsel Groov, Am Markt, Tel. 0 22 03-8 55 44

**Inselfest** www.porzer-inselfest.de
Das Inselfest findet immer am Himmelfahrtswochenende statt.

**Personenfähre Krokodil**, s. S. 43

Rheinmuscheln

# Etappe 11

## Das Porzer Rheinknie

KÖLNPFAD

Links: Yachten auf dem Trockendock im Zündorfer Hafen
Links oben: Grabstein auf dem Friedhof neben der Nikolaus-
kapelle

# WEGBESCHREIBUNG 11

**Die KVB-Haltestelle „Zündorf"** im Rücken gehen Sie nach rechts in die „Wahner Straße" hinein. Nach 200 Metern überqueren Sie die „Schmittgasse" und wandern geradeaus ins „Neuhöfersgässchen". Der schmale Fußweg führt zwischen Häusern hindurch und rechts neben dem Rewe-Supermarkt entlang.

**Sie überqueren die „Hauptstraße"** und gehen weiter geradeaus in die „Marktstraße". Diese wandern Sie leicht bergab bis zum Marktplatz. Dort gehen Sie rechts und nehmen den Uferweg oberhalb der Groov direkt entlang der Häuser.

**Sie kommen am Hafen** vorbei und wandern weiter den Uferweg, bis Sie in Westhoven die Westhovener Aue erreichen. Circa 200 Meter hinter dem „Ruhrweg" biegen Sie nach links ab und nehmen den Weg, der näher am Rheinufer entlang verläuft. Dieser stößt später wieder auf den Hauptweg, der Sie am Campingplatz Wiesenhaus vorbeiführt.

**Unter der Rodenkirchener Brücke** gehen Sie hindurch und nehmen den domseitigen Aufgang. Sie überqueren die Brücke und gehen hinab auf die Rheinuferstraße. Hier gehen Sie nach links bis zur KVB-Haltestelle „Heinrich-Lübke-Ufer".

Kormoran auf Signalmast

# Von Zündorf nach Rodenkirchen

Auf zum Finale, zum Finish, zur letzten Etappe – der Kreis schließt sich. Natürlich führt die neun Kilometer kurze Strecke am Rhein entlang, da, wo vor knapp 170 Kilometern alles begann. Ist doch der breite Fluss das natürliche Herzstück Kölns, neben dem Dom, dem von Menschenhand geschaffenen Kristallisationspunkt. „In seiner permanenten, wer weiß wie alten Vergänglichkeit sagt er nichts, indem er für sich selbst spricht", schrieb Heinrich Böll über den Strom, der durch seine Heimatstadt fließt. Diese letzte Etappe ist geprägt von Vater Rhein und von Gewinnen und Verlusten, die der Fluss für die Menschen mit sich brachte.

Von Zündorf aus folgen wir dem lang gezogenen Porzer Rheinbogen und können den Blick weit über den Fluss und seine Ufer schweifen lassen. Unterwegs erleben wir all das, was das Leben am und im Wasser ausmacht: Die Menschen, die bei den ersten wärmenden Strahlen der Frühlingssonne ans Ufer streben, Kormorane, die unter Wasser nach Fischen flitzen und anschließend ihre Flügel auf den Signalmasten trocknen, Flussschiffer, deren hoch beladene Käne schwer durch die Wellen pflügen und Freizeitkapitäne, die stolz ihre Yachten ausfahren. „Natürlich ist er [der Fluss] alt", schrieb Böll weiter, „und doch vollzieht er ständig und täglich eine totale Erneuerung." Der Rhein ist noch dazu abwechslungsreich und leicht, wenn wir

Mußestunde am Rheinufer

im Dörfchen Zündorf den Leinpfad flussabwärts zum Yachthafen gehen: Wir sind mitten in der Sommerfrische gelandet, schauen auf ein kleines natürliches Hafenbecken, das immerhin 120 Schiffchen Platz bietet und wundern uns, doch noch in der Großstadt zu sein.
Aber Zündorf ist nicht nur lieblich, sondern gab sich zeitweise wehrhaft, wie der Zündorfer Wehrturm belegt, der kurz hinter dem Marktplatz etwas oberhalb der Promenade steht. Er wird auch „Zollturm" genannt, weil er im Mittelalter beides war: ein Turm, den die Grafen von Berg als Landesherrn eine Zeitlang als Zollstätte nutzen konnten und eine Art Trutzburg, von der man einen guten Blick auf den Rhein hatte.
Schließlich ist der im 12. oder 13. Jahrhundert gebaute, stämmige Turm – der erstmals 1380 schriftlich erwähnt wird – 20 Meter hoch, die Seiten sind jeweils 8,80 Meter lang und die Mauern im Sockel 1,25 Meter dick. Die Zeugnisse vergangener Jahrhunderte über seine Nutzung sind leider rar, ab Mitte des 19. Jahrhunderts bis 1972 diente der Wohn- und Wehrturm sogar nur noch als landwirtschaftliches Lager. Seit 1980 ist er Außenstelle des Stadtmuseums. 2001 wurde die Dauerausstellung allerdings aus konservatorischen Gründen aufgegeben. Jetzt finden dort noch wechselnde Kunstausstellungen statt,

Stämmiger Zündorfer Wehrturm

und den Dachstuhl des alten Gemäuers haben sich Turmfalken als Nistplatz auserkoren.
Der KÖLNPFAD führt weiter am Rhein entlang, und kurz hinter Zündorf zeichnet sich rheinabwärts, neben dem Schiffsanleger, immer deutlicher eine hübsche Lindenallee ab. Die Porzer Rheinpromenade ist ein Überbleibsel der Uferpromenaden, die vom Ende des 19. Jahrhunderts bis in die 1930er Jahre von Porz bis Langel angelegt wurden. Das „Friedrich-Ebert-Ufer" mit Treppenaufgang zum Kriegerdenkmal, dem pittoresken Fahrkartenpavillon und dem markanten Rathaus wurde zwischen 1907 und 1912 gebaut. Das Rathaus ist 1909/10 nach den Plänen des Kölner Regierungsbaumeisters Carl Moritz entstanden und seitdem mehrfach verändert worden. Seit 2005 erinnert zudem ein schlichtes Holzkreuz an den katholischen Weltjugendtag, der in Köln stattfand.

Linden an der Porzer Rheinpromenade

In Porz am Rhein gab es nie einen Hafen, und eigentlich hätte sich der Ort sein ländliches Erscheinungsbild erhalten können, wenn nicht die Stadtväter 1951, nach Verleihung der Stadtrechte, zum Höhenflug angesetzt hätten. Unter dem Motto „Es werde Stadt" sollte Porz ein neues Image bekommen: Aus einer Ansammlung einzelner Dörfer sollte eine echte Großstadt werden mit „Porzity" als Zentrum. Die Pläne zum Umbau waren hochtrabend, dafür mussten viele alte Häuser in die Knie gehen. Das bekannteste Gebäude, das der Abrissbirne zum Opfer fiel, ist das „Rheinhotel", eine Musikkneipe, in der die Bläck Fööss ihre ersten Auftritte hatten.
Heute ist von der modernen Stadtplanung mit Hochhäusern und Kongresszentrum nicht mehr viel übrig geblieben, allerdings hat der Ortskern von Porz seinen Charme verloren. Eckige Gebäude mit viel Beton bestimmen das austauschbare Stadtbild, autogerechte Wege lassen ein gemächliches Flanieren nicht mehr zu. Auch das Rathaus wurde nicht verschont und erhielt in den 1970er Jahren einen modernen Anbau.

Neue Hochwasserschutzmauer mit alten Hochwassermarken

Doch der KÖLNPFAD, am Rhein entlang, blendet die Bausünden der 1960er und -70er Jahre gnädig aus – wir genießen die Schokoladenseiten von Porz, Ensen und Westhoven. Zwischenzeitlich lugt sogar der Dom hinter der katholischen Kirche St. Laurentius in Ensen hervor, und wir beneiden ein wenig die Hausbesitzer, die – gut geschützt gegen kommende Hochwasser – beruhigt auf den Rhein gucken können. Wie bedrohlich hoch die Flut steigen kann, zeigen alte Hochwassermarken an den neuen Bollwerken, die die Stadtentwässerungsbetriebe 2004 und 2005 hier errichteten.
Besonders beeindruckend ist die kleine Scheibe nur wenig unterhalb des Daches der Nikolauskapelle, die schon ein Stückchen vom Ufer weg am Ortsrand von Westhoven steht. Am 28. Februar 1784 erreichte der Rhein den historischen Höchststand von 13,55 Metern. Die Flutkatastrophe forderte in Köln und Mülheim 63 Menschenleben – das Wasser floss zeitweilig durch Westhoven, um in Mülheim wieder in sein ursprüngliches Bett zurückzukehren. Kaum vorstellbar ist an diesem idyllischen Fleckchen die zerstörerische Wucht, die der Rhein entwickeln kann. In den zurückliegenden Jahrhunderten blieb den Menschen häufig nichts anderes übrig, als in solchen Fällen den Schutz der Heiligen anzurufen. Das 1128 aus Tuff und

Kiesel erbaute Kapellchen ist einem dieser Patrone geweiht, dem heiligen Nikolaus, der seine schützende Hand über die Seefahrer halten soll. Das romanische Kirchlein ist von einem kleinen Park umgeben, der bis 1929 noch als regulärer Friedhof genutzt wurde. Die alten Grabmale und verwitterten Steine regen zum genaueren Hinsehen an und verführen dazu, die Fantasie auf eine Reise in die Vergangenheit zu schicken, sich das harte Leben der Fischer und Bauern in den kleinen Rheindörfern vor Augen zu führen.
Noch in Gedanken bei unseren Vorfahren, wandern wir weiter und stehen kurz darauf in einer Wiese, der Westhovener Aue. Das 70 Hektar große Gelände, das sich vor uns ausbreitet, ist Teil des städtischen Hochwasserschutzkonzeptes und wird als Überschwemmungsgebiet genutzt. Häuser wird es auch in Zukunft hier nicht geben. Der Rhein soll bei Hochwasser Platz haben, um sich auszubreiten. Die Anwohner an anderer Stelle sind damit vor seinen braunen Fluten geschützt.
Für den Wanderer ist das Gebiet auf den ersten Metern nicht besonders reizvoll – Wiese, ein paar Büsche, ein Tannenwäldchen und Pappeln am Wegesrand –, aber unverbaute Flächen mitten in der Stadt sind dankbare Rückzugsgebiete für Flora und Fauna. Falken und Rabenkrähen sitzen einträchtig im Baum nebeneinander, so, als ob sie sich das Stückchen Natur auf keinen Fall streitig machen wollen.

Nikolauskapelle in Westhoven

Die Rodenkirchener Brücke im Blick

Erst seit 2002 gehört das rund 300 Hektar große Gelände der Stadt, das eine lange Tradition als Militärstandort hat. (Deshalb: Wege nicht verlassen, denn im Boden könnte noch das ein oder andere Kampfmittel liegen!) Im 19. Jahrhundert erbauten die Preußen ihr Zwischenwerk IX hier, die südlichste Anlage im rechtsrheinischen Festungsgürtel. In den 1930er Jahren errichtete die Wehrmacht an der „Kölner Straße" die Kasernen „Mudra" und „Unverzagt". Von 1951 bis 1995 schließlich diente das Gelände den belgischen Truppen als Standort „Brasseur". Mittlerweile sind einige der alten Gebäude abgebrochen worden, Straßen wurden entsiegelt, und die auf diese Weise neu entstandenen Senken und Mulden sind Teil der wiederbelebten Auenlandschaft geworden. Dass die wechselnden Wasserstände das Pflanzenwachstum fördern, merken wir, wenn wir weiter wandern. Jenseits des Weges hat sich ein nahezu undurchdringlicher Dschungel aus Weiden und Schlingpflanzen gebildet.

Aber noch ein anderes Grün begleitet uns schon seit Porz. Es ist das „Kölner Brückengrün" der Rodenkirchener Brücke, deren torartige Pylone schon kurz hinter Porz über die Baumwipfel ragen. Na ja, zugegeben, das wahre, echte „Kölner Grün", das auf Wunsch Konrad Adenauers erstmals 1929 auf die Mülheimer Brücke gepinselt wurde, ist es nicht. Heute sind nur die vier Bauwerke über den Rhein, die die Stadt unterhalten muss (Mülheimer, Deutzer, Severins- und Zoobrücke), mit dem besonders lichtbeständigen und wetterfesten Chromoxidgrün angestrichen. Die Rodenkirchener Brücke als Teil der A 4 wird vom Landesbetrieb Straßenbau NRW unterhalten und farblich angepasst.

Bevor wir unter der Brücke hindurch wandern, um den domseitigen Rad- und Fußweg zu erklimmen, und die letzten 567 Meter (so lang ist die Brücke) KÖLNPFAD zurückzulegen, kommen wir noch am „Camping Wiesenhaus“ vorbei. Das idyllische Plätzchen unter hohen Bäumen, das allerdings Tag und Nacht von der Autobahn beschallt wird, schließt sich nahtlos an die Westhovener Aue an. Hier haben wir im Café „Wiesenhaus“ (mit leckeren Bergischen Waffeln) zum letzten Mal die Gelegenheit, auf rechtsrheinischer Seite einzukehren.
Und dann ragt er vor uns auf, der mächtige Träger der Rodenkirchener Brücke – immerhin 59,4 Meter hoch, mit einem Betonfuß fest im Boden verankert. Entworfen hat die Hängekonstruktion der südlichsten der sieben Rheinbrücken Paul Bonatz, geplant Fritz Leonhardt, gebaut wurde sie von 1938 bis 1941 als Teil der Autobahn Köln-Aachen. Sie galt seinerzeit als die weit gespannteste Hängebrücke Europas. Das schützte das Bauwerk jedoch nicht vor der Zerstörung durch einen Luftangriff während des Zweiten Weltkrieges am 14. Januar 1945. Von 1952 bis 1954 konnte sie wieder aufgebaut werden – die alten Pylone waren sogar noch zu gebrauchen. 40 Jahre später, von 1990 bis 1995, wurde nochmals gebaut. Aufgrund der Zunahme des Autoverkehrs wurde an die nördliche Seite ein Zwilling angeschweißt.
Über diesen Zwilling wandern wir, und jetzt liegt uns nicht nur der Rhein zu Füßen, sondern das gesamte Stadtpanorama brei-

Kölnpanorama mit Containerschiff

Bootshaus mit Lokal „Alte Liebe"

tet sich vor uns aus. Natürlich bestimmt die Mitte des Bildes der Dom in seiner Mächtigkeit – alles andere ordnet sich unter. Der Blick schweift zur grünen Severinsbrücke mit ihrer markanten Hängekonstruktion. Der silbrig glänzende Kölnturm und der Fernsehturm Colonius verlieren sich schon ein wenig im Dunst, der so häufig die Luft in der Kölner Bucht trübt. Bald künden die drei neuen Kranhäuser im Rheinauhafen – direkt hinter der Südbrücke – davon, dass Köln zumindest architektonisch im 21. Jahrhundert angekommen ist.

Unter uns tuckern stetig die Containerschiffe, der unaufhörliche Strom der Fahrzeuge hinter uns bringt die Brücke spürbar in Schwingungen. Unser Herz schwingt schon lange bei dieser Aussicht, und eigentlich wollen wir unseren Logenplatz gar nicht mehr verlassen. Doch wie jede schöne Wanderung erst durch die richtige Schlusseinkehr perfekt wird, kehren wir am Ende des KÖLNPFADs auf den Fluss zurück, auf das Hausboot „Alte Liebe". Wir lassen den Rhein an uns vorbei strömen, und still-vergnügt kommen uns die Worte von Johann Georg Jacobi in den Sinn: „Wir sahen nicht weit von uns den Rhein, welchen der Mond versilberte, und dessen Geräusche in der Stille der Nacht etwas Feierliches hatten. Das Ende dieses Tages sollte so schön als der Morgen sein."

**Länge:** 9 Kilometer

**Dauer:** 2 Stunden, 30 Minuten

**Profil:** flach, allerdings nur asphaltierter Uferweg, geeignet für Kinderwagen

**Anfahrt:** mit der KVB-Linie 7 bis Endhaltestelle „Zündorf"

**Karte:** topografische Karte 1 : 25.000, Blatt 5108 (Köln-Porz), 5107 (Brühl), 5007 (Köln)

**Einkehrmöglichkeiten:**
**Café Wiesenhaus auf dem Campingplatz** www.wiesenhaus.net
Weidenweg 100, 51105 Köln, Tel. 02 21-8 99 96 77
Öffnungszeiten: Di–Fr 11–20 Uhr, Sa/So 11–21 Uhr, Mo Ruhetag, 1. November–28. Februar geschlossen

**Bootshaus „Alte Liebe"**, s. S. 42

**Allgemeine Informationen:**
**Museum Zündorfer Wehrturm** www.zuendorfer-wehrturm.de
Hauptstraße 181, 51143 Köln, Tel. 0 22 03-5 75 76 09
Öffnungszeiten: Mi/Sa 15–18 Uhr, So 14–18 Uhr und nach Vereinbarung
Eintritt: Erwachsene 2,- Euro, Kinder ab 12 Jahren 1,- Euro, Kinder bis 12 Jahre frei

**Camping Wiesenhaus** www.wiesenhaus.net
Weidenweg 100, 51105 Köln, Tel. 02 21-8 99 96 77

Letztes Café auf der schäl Sick

# Register

# In den Feierabend wandern

Hrsg.: Kölner Eifelverein e.V.

Steffi Machnik

**FEIERABEND TOUREN**

**16 kurze Wanderungen durch Köln**

192 Seiten mit zahlreichen farbigen Abbildungen und Karten
12 cm x 20,5 cm, kartoniert

ISBN 978-3-7616-2556-9

| J.P. Bachem | Verlag |

Im Buchhandel oder unter www.bachem.de/verlag erhältlich.